ラブライブ！サンシャイン!!
FOURTH FAN BOOK

著：公野櫻子

PROLOGUE

「叶え、私たちの夢──」

ある日聞いたその言葉が──。

私たちに大きな勇気と希望をくれました。

夢はずっとずっと──遠くにあるから夢なんだと思ってた。

でもその人は、キラキラ輝く眩しい瞳でまっすぐに私を見つめて──こう言ったんです。

叶え、私たちの夢──。

それはもちろん、モニター画面の向こう側、こんな海辺の田舎の町に住んでる私たちから見れば、

やっぱり遠い遠い世界で起こった出来事だったんだけれど──。

でも、不思議なことに、そのまなざしはまっすぐ遠く、私の心に届いて──。

思うことができたんです。

夢は──諦めなければ必ず叶う、って──。

そして始まった私たちの物語。

夢はきっと、この世界に生きる人の数だけあって、全部の夢が──叶えてもらうのをきっと待ってる。

そんなみんなの夢を叶える力になるために──私たちの物語が届くといいな。

笑顔と歌で伝えたい、自分の中から勇気があふれてくる時の──あの最高にワクワクする気持ち!!

これからもずっと、私たちAqoursの笑顔があなたのそばにありますように──。

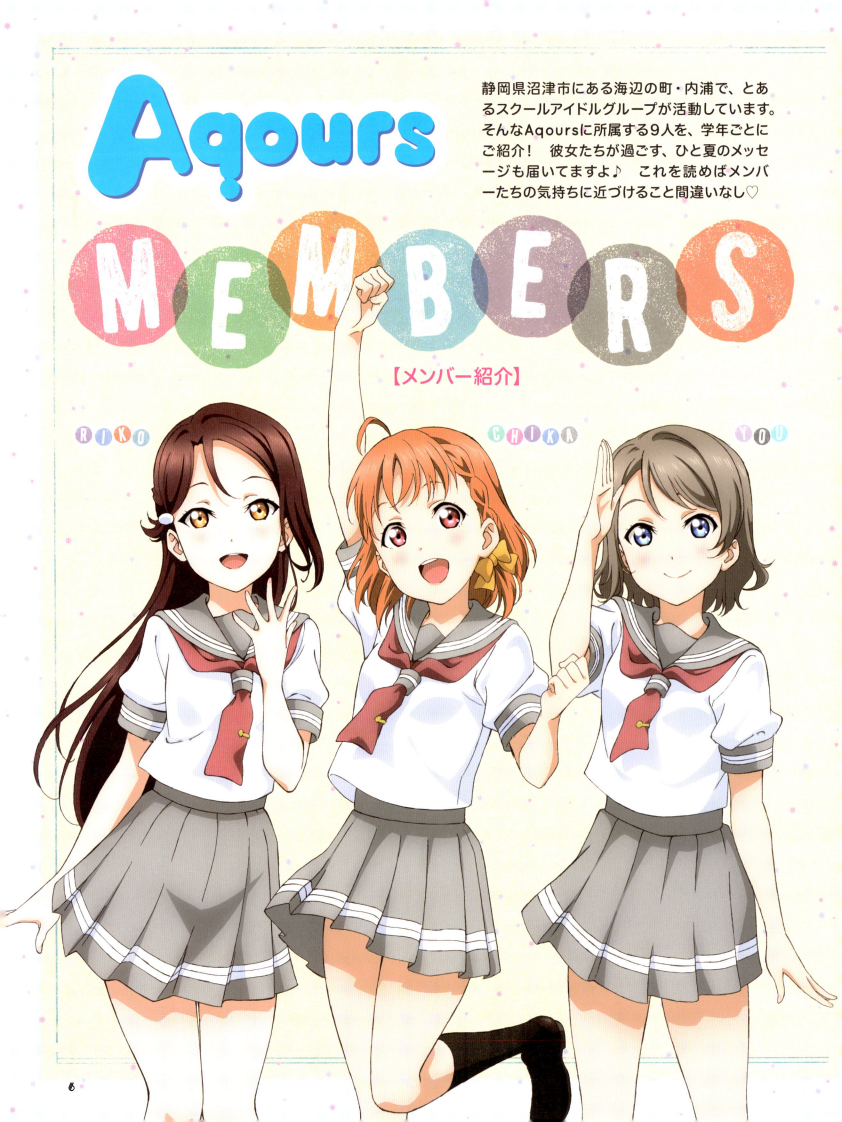

Aqours Members

〜2年生〜

高海千歌
桜内梨子
渡辺 曜

TAKAMI CHIKA

高海千歌(たかみちか)

浦の星女学院に通う、2年生のスクールアイドル。
Aqoursの発起人で、明るく、時に強引に周囲を巻き込んでいく。
実家が温泉旅館を営んでいて、千歌は3人姉妹の末っ子。

CHIKA'S PROFILE

学年；高校2年生	趣味；ソフトボール、カラオケ
誕生日；8月1日	特技；鉄棒、卓球、習字
血液型；B型	好きな食べ物；みかん！
身長；157cm	嫌いな食べ物；コーヒー、しおから

MESSAGE FROM CHIKA

暑い暑い毎日が続いてるけど――お元気ですか？

チカは、今日も元気です♪

Aqoursの練習でヘトヘトの日も、

こうして、空を見上げて――真夏のお日様に照らされてると、

なんだか勇気が湧いてくるの♡

エヘヘ、元気ない千歌なんて、きっと千歌じゃないよね！

だから今日も、ありあまる千歌の元気を――

Aqoursの曲に乗せて♡

遠くにいるキミのところにも

絶対届くパワ　で踊っています♪

大好きだよ～♡♡♡

　　　　　　　千歌より

SAKURAUCHI RIKO

 桜内梨子（さくらうちりこ）

東京の学校から、浦の星女学院に転入してきた２年生。
今では千歌たちと同じように、沼津や内浦を愛している。
大人っぽく落ち着いてみえる一方、慌て者なところも。

RIKO'S PROFILE

学年：高校２年生　　　趣味：絵画、手芸、料理
誕生日：9月19日　　　特技：楽器（ピアノ、ビオラ）
血液型：A型　　　　　好きな食べ物：ゆでたまご、サンドイッチ
身長：160cm　　　　　嫌いな食べ物：ピーマン

MESSAGE FROM RIKO

夏が来ると、梨子にはちょっとだけ──

眩しすぎる陽射しがやって来ます。

見渡す限り──海も山も人も建物も、

何もかもが真っ白に照らされて眩しく輝く夏。

梨子に、そんな輝く季節の

仲間入りができるのかなって思うと──

ちょっぴり不安だけど。

でも──そんな梨子のことを応援してくれる

あなたのために──。

梨子にできる精一杯で、この真夏の太陽に

負けないように輝きたいと思います！

梨子のハートが

あなたに届きますように♡

梨子より

桜内梨子

WATANABE YOU

 渡辺 曜
（わたなべ よう）

浦の星女学院の2年生で、千歌と梨子のクラスメイト。
スクールアイドルとして活躍しつつ、高飛び込みの選手でもある。
バイタリティあふれる彼女は、考えるよりも先に体が動くタイプ！

YOU'S PROFILE

学年：高校2年生　　　趣味：筋トレ
誕生日：4月17日　　　特技：高飛び込み、体感天気予報
血液型：AB型　　　　　好きな食べ物：ハンバーグ、みかん
身長：157cm　　　　　嫌いな食べ物：刺身、パサパサした食べ物

MESSAGE FROM YOU

ヤッホーイ♪

曜の輝く夏がやって来たよっ♡♡

――って言っても。夏大好き少女の曜は、

この前のライブが終わってからずっと――

毎日毎日Aqoursの練習ばっかりで、

意外と地味な日々を過ごしてるんだけどね♪

でも、この地味な練習の日々を曜ががんばるのも、

ぜーんぶまるっとキミのため♡

次に会うときには、

曜の魅力でキミのハートを

ノックアウトしちゃうぞ！

ヨーソロ♪　楽しみに待っててね♡♡

　　　　　　　　　曜より

ラブライブ！サンシャイン!! FOURTH FAN BOOK　11

あっ──ごめんごめん。
かわいい女の子
いーっぱい見てたら、
ちょっとヨダレが──
エヘヘヘ♡

家で、ヒマな時にはよく──ほかの地域のスクールアイドルや、メジャーなアイドルの動画を見てるよ♡　もう至福の時間〜だよねっ♪♪　それでね、最後にはいつもμ'sの動画を見てメるの！　私もこうなるって決意を新たにする──元気をもらうんだぁ♡

「うん、あのね、今度
私たちのライブがあるんだけど——
見に来てくれたら嬉しいな♪」

久しぶりに聞いたその声は——遠くにいるはずなのに、なんだかすごく近くに感じる——
懐かしい旧友の声。あんなに不安だらけの顔で転校生していった私が——今はこんな風
に笑顔で。スクールアイドルまでしていること——みんなが知ったら驚くだろうな……。

ほらほら、飛ばしていくよ〜‼
勝利の地平線目指して——ヨーソロ♪
どこまでも曜の背中についてきてねっ♡

うわーん、久しぶりの陸トレはきついよぉ〜！ 最近プールの練習もちょっとさぼり気味だったか
らなぁ〜。やばい、このままだと、梨子ちゃんとよっちゃんに怒られるぅ。がんばってあと1キロ！
落とさないと新しい衣装のお腹のサイズがピンチです——。

ラブライブ！サンシャイン!! FOURTH FAN BOOK 13

TSUSHIMA YOSHIKO

津島善子

浦の星女学院の1年生。自らを「堕天使ヨハネ」と名乗っている。
ファッションや言動にまで堕天使を意識する、個性的な女の子。
自分の運がものすごく悪いことを、結構気にしている。

YOSHIKO'S PROFILE

学年：高校1年生
誕生日：7月13日
血液型：O型
身長：156cm

趣味：小悪魔ファッション
特技：ゲーム・魔法
好きな食べ物：チョコレート・苺
嫌いな食べ物：みかん

MESSAGE FROM YOSHIKO

はぁ～！　もう、あっつい!!　毎日、毎日、暑すぎ。
まさか、ホントに地獄の釜の蓋が開いて――
この地上に業火到来しちゃった？？
地獄の釜の蓋も開くこの季節は――
日本では地獄の使者もお休みする季節よね♪
だから――堕天使ヨハネは、
今日も毎日、思いっきりダラダラしてるわ♡
だって、こう暑くちゃ――
なーんにもやる気がしないんだもん！
こんな風にすっかり堕落したヨハネを――
もしキミが慰めに来てくれたら。
一緒に遊べるんだけどな――♪
From　Yohanexxx

KUNIKIDA HANAMARU

国木田花丸
(くにきだ はなまる)

読書が好きで日本文学を愛している、浦の星女学院の1年生。
地元で代々続くお寺の娘さんで、祖父母のことが大好き。
周囲の人たちに常に気を配ることができる、優しい性格。

HANAMARU'S PROFILE

学年：高校1年生
誕生日：3月4日
血液型：O型
身長：152cm

趣味：読書
特技：独唱（聖歌隊所属）
好きな食べ物：みかん、あんこ
嫌いな食べ物：牛乳、麺類

MESSAGE FROM HANAMARU

拝啓

まだまだ暑い日々が続きますが、

お変わりなくお過ごしですか？

私は、この夏の猛暑を――涼しい風の通るお寺の境内の木陰で、

毎日ずっと読書をして――過ごすつもりだったのだけれど……。

気が付けば、Aqoursの日々の練習と、

それ以外の休日も、メンバーの誰かに誘われては、

おでかけしたり、一緒に遊んだりで――。

ずいぶん賑やかな日々を過ごしています♡

正直に言えば――

おらには賑やかすぎる気もするけれど――。

でもやっぱり、楽しい夏です♪

花丸

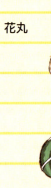

KUROSAWA RUBY

黒澤ルビィ

浦の星女学院の1年生。仲よしの花丸といつもいっしょにいる。
スクールアイドルがずっと前から大好きなルビィは今、
Aqoursの衣装担当として、得意な裁縫技術を発揮中。

RUBY'S PROFILE

学年：高校1年生　　趣味：お洋服・お裁縫
誕生日：9月21日　　特技：衣装選び
血液型：A型　　　　好きな食べ物：ポテトフライ・スイートポテト
身長：154cm　　　　嫌いな食べ物：わさび

MESSAGE FROM RUBY

キラキラの太陽、ピカピカの海辺！

夏は内浦が1番ステキに見える季節です♪

そんな内浦の海辺から──ルビィがクイズを出すよ♪

えっとね──

真夏のビーチにいっちばん似合うものは、なぁ～んだ？

1：ヤシの木

2：冷たいかき氷

そして、正解の3は──もっちろん！

白い水着姿のアイドル～♡♡♡

やっぱり、海辺のアイドルは絶対にビキニじゃないとダメだから──

スタイルに自信のないルビィも

今日はがんばって、ビキニです！

見に来てね♪

　　　　　　　ルビィより

ラブライブ！サンシャイン!! FOURTH FAN BOOK

**不器用で甘えんぼうのルビィだけど
みんなに最高のハッピーを届けたい！
この気持ちを――どうぞ召し上がれっ♡♡**

おっきなステージが近づいてくると――
臆病者のルビィは緊張して、いっつも、心のどこかがずっとそわそわしちゃう〜!!
そんな時はね――こうやって大好きなスイートポテトを作るんだぁ♡
甘い物って食べると幸せになるよね♪　一緒に食べたいです！

**ヨハネのかわいいリトルデーモンたちへ♡
今日もあなたの美しきロード――
悪魔ヨハネに最高の恋、してる？**

地獄の底に咲く一輪の美しい花――
ヨハネの魅力から逃れられないみんな、今日もヨハネのまなざしの虜になってるかしら？
フフフ♡　安心して？　遠く離れても、心はいつも一緒よ。
ここ内浦からとびきりの呪いをあなたに贈ってあ・げ・る♪　からね！

Aqours Members
～3年生～
松浦果南
黒澤ダイヤ
小原鞠莉

MATSUURA KANAN

 松浦果南

家業のダイビングショップを手伝う、浦の星女学院の3年生。
落ち着いている上に面倒見がよく、Aqoursの頼れるお姉さん。
ダイビングや操船の免許を持っていて、太陽と波が大好き。

KANAN'S PROFILE

学年：高校3年生
誕生日：2月10日
血液型：O型
身長：162cm

趣味：天体観測・水泳
特技：ダイビング、操船
好きな食べ物：さざえ、わかめ
嫌いな食べ物：梅干

MESSAGE FROM KANAN

眩しい太陽、弾ける波しぶき──。

いよいよ本当に夏本番だね♪

ダイビングショップを手伝ってる私の夏はいつも、

みんなより一足早く──

ゴールデンウィークの訪れとともに始まって──

海水温がまだ高い9月くらいまでは、ずっと長い夏を楽しんでるよ♡

そんな──いつでも"夏"な私が──。ホッと一息つけるのが。

じつは、ひと夏に1度くらいある──

こんな真夏の真ん中のある日の休日。

キミが遊びに来てくれたら──

キミのために1日。

まっさらな休日を──

一緒に遊んで過ごしたいな♡

from果南

KUROSAWA DIA

黒澤ダイヤ
(くろさわ)

ルビィの姉にして、浦の星女学院の3年生。
学院の生徒会長を務め、有名な名家の子女でもある。
完璧主義者なところがあり、曲がったことは絶対に許さない。

DIA'S PROFILE

学年；高校3年生
誕生日；1月1日　血液型；A型
身長；162cm　趣味；映画鑑賞、読書
特技；和琴、唄、着付け

好きな食べ物；
抹茶味のお菓子、プリン
嫌いな食べ物；
ハンバーグ、グラタン

MESSAGE FROM DIA

毎日――暑い日が続きますけれど、

いかがお過ごしでしょうか？

夏バテなど――してないとよいのだけれど。

わたくしは――規則正しい毎日を過ごし、いつもどおり。

元気にしているわ♡

夏休みの課題も、夏期講習もすでに終わって――

高3にしては意外に暇な――余裕の夏休み。

フフ♪　やはり、継続は力なり、ね。

そんな風にして――できた時間を使って、

こうしてあなたに手紙を書いています。

この手紙が着くころには――

もう小さな秋風がやって来ているかしら？

また会える日を――楽しみにしています♡

　　　　　　　　　　　　　ダイヤ

OHARA MARI

小原鞠莉(おはらまり)

浦の星女学院の3年生。イタリア系アメリカ人の父を持つハーフ。
鞠莉の家が経営するホテルチェーンの1つは、沼津の淡島にある。
自分を信じて、恐れることなく前向きに行動できる少女。

MARI'S PROFILE

学年：高校3年生　　　趣味：スポーツ、乗馬
誕生日：6月13日　　　特技：柔軟、歌
血液型：AB型　　　　好きな食べ物：コーヒー、レモン
身長：163cm　　　　嫌いな食べ物：納豆、キムチ

MESSAGE FROM MARY

ハロー♪

毎日パーフェクトに暑いわね！

みんな元気にしてる？

マリーはこの陽射しに照らされて――

もう、すっかり溶けてなくなっちゃいそうよ♪

そう、まるで炎天下の駐車場で、Aqoursの練習帰りに食べる、

真っ白なソフトクリームみたいに――。クスクス♪

だから――最近のマリーは毎日、アイスクリームとかき氷の日々♡

ストロベリーチーズケーキにチョコミント、クリームソーダに

宇治抹茶アズキの白玉トッピングが――Everyday♪

あなたにひとくち。

あーんってしてあげたいな♡

Lots of love, Mary♡♡♡

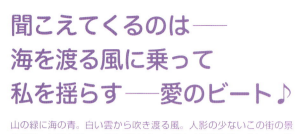

聞こえてくるのは──
海を渡る風に乗って
私を揺らす──愛のビート♪

山の緑に海の青。白いくもから吹き渡る風。人影の少ないこの街の景色には、かすかで──でも重いビートがよく似合う♡ 白いレースと甘いハーモニーが作るアイドルの時間と、黒いヘッドホンから重いビートの響く1人の時間。マリーはどっちも──愛してるわ♪

アイドルに1番大事なもの、それはスマイル。
まるで春の陽にかがやく桜の花ように──
上品な笑顔がわたくしの理想です♡

うーん、アイドルスマイル──ね。ルビィがいつもしてるような感じはちょっとふやけててわたくしには似合わないと思うし、かといって千歌ちゃんみたいに元気いっぱいも違うし、梨子ちゃんみたいに優しそうなのも無理で──うーん。やっぱり練習あるのみですわ!!

24

海の中のお散歩は——ふわふわいつだって夢気分！
お相手は果南におまかせだよっ♪

海の中はいつだって、青くて、静かで、そしてどこまでも——広くて。水の中を滑るように跳んだら、まるでイルカの友達になったような気持ちがするよ。私が、世界で1番キレイだと思ってる内浦の海で——夢の中ででもいいから一緒にお散歩できたらいいのにな。

Aqours 活動報告

スクールアイドル活動だけでなく、学校や地域の行事にも参加♪ 毎日を輝いて生きるAqoursの姿をイラスト＆ストーリーでお見せします。みんなとの大切な時間も1人だけのプライベートなひと時も、たっぷりとここに詰まっています！

小原鞠莉
OHARA MARI

渡辺 曜
WATANABE YOU

MESSAGE FROM YOSHIKO

もう～～!!
2人ともさっきから遊んでばっかり!!

たしかにシートやパラソルのだいたいの設置は終わったけど、テーブルの準備や細かい飾りつけは、まだまだこれからなんだから──。

ああっ、ほらぁ!
だからもう、遊びに行っちゃダメって──。

……。

行っちゃった──。

そりゃあ確かに、遊びたくなる気持ちもわかるけど。
夏休み直前の7月の週末。
梅雨明け間近の──一足早いカンカン照りの空の下。
こうして──みんなで海の家の設営作業なんてしてたら。
終わったとたんに──海に飛び込みたくもなるってものよね。

海の日限定で開催する、Aqoursのイベント〝海の家〟は今年初めての試み──♪
スタイリッシュなモノトーンファッションが得意の悪魔としては、こういう──ローカル色の強いイベントにはちょっと躊躇するところもあるけど。
でもまあ、憧れの──アイドルカフェみたいでちょっと楽しい、かな♡♡

津島善子
TSUSHIMA YOSHIKO

もう――遊んでないで、もっと働く‼
さぼってばっかりいる子はおやつ抜きよ⁉

シャイ煮 ¥500
堕天使の泪 ¥500

でも、その準備は思っていたよりも大変で――。
まだ慣れない真夏の暑さに、普段はしない肉体労働。
汗だくだくで――目の前には輝く海。
おあつらえ向きに――浮き輪やビーチボールは売るほど
――じゃなかった、貸すほどあるしね。
これじゃあ――2人が逃げ出すのも無理ないか♪
さすがの悪魔だってそう思うんだもの――仕方ないわ。
――クスクス♪

でもまあ。
この悪魔はなんの因果か、意外と責任感が強いから――。
しょうがない、こうなったら2人が戻って来るまでに、あ
とかたづけを済ませておこうかな。

日焼けも怖いしね！

えっと、レンタル用のフロート各種の確認と、デビルな工
夫を凝らしたスイートメニューは各テーブルに配置して
――。
そうだ、あとは1番大事な――キッチンの確認！
2人が戻ってきたら、すぐに食べられるように――かき氷
のシロップを出しておかなくちゃ。
私は――爽やかなレモン味が好きなの♡

あの2人はきっと――レインボー味とかクリームソーダ味
とかとんでもないこと言うだろうな。
自由っていいわよね――。

みんなの日記 Aqours Diary
国木田花丸より

もうすぐ夏休みです。
でもその前に──。
最後の関門！

期末試験──。

あーあ。

$y = x^2 - 3x + 3$──
どうしよ。
こんなの、全然、意味わかんないずら。

おら、国語は得意なんだけど、数学はどうも
ちょっとあんまりうまくいかないんだよね──
エ、エヘヘヘヘ♪

あーあ。
結局、こんなになるんだったら、数学が得意な
ヨハネちゃんに、教えてってお願いした方がよ
かったかなぁ？
でもなぁ──。
よっちゃん、今週末は沼津に買い物に行くって
言ってたし。
あの様子だと、まだ今週は、試験勉強なんて全
然しないみたいだったずら──。

うーん──。

すごいなぁ、よっちゃん──。
試験勉強はいつも一夜漬けなんだって。
マルはどうもこういう時、みんなみたいに、一
気に効率よく試験勉強とかできないんだよね
──。
ちょっとずつでもやっておかないと不安になる
し──。
ちっちゃいころから、要領悪いんだぁ……。

あーあ。
こんなところで、ゴロゴロして──わからない
教科書をただ眺めてるくらいだったら──。
もう、マルもどこかに遊びに行こうかな？
でも──やっぱり、そんなことしたら、テスト
の結果が大変なことになっちゃうかな──。

あ──！
そういえば──今日、重松清の新刊出てるんだ
った!!
やっぱり──買いに行こうかな？
早くしないと売り切れちゃうかもしれないし。
大丈夫、買いに行くだけで──読むのは明日に
するから。
ちょっと──買いに行くだけ、ね？

それなら──きっと大丈夫ずら♡

海色のきれいな宝石を
ひろったら――
大好きなキミにあげる♡

わあ――。
きれ――な色！

透き通ってるようで、透き通ってなくて――
くすんで見えるようで、爽やかにも見えて――
ラムネの青に、メロンソーダの緑色。

ルビィ、知ってるよ！
これってシーグラスって言うんだよね？

エヘヘ――♡

最近知ったの♪

昔から、たまに浜辺で見かけてたけど、
ルビィはずっとこれ、海の向こうから流れて来た宝石だって思ってたんだぁ♡
だって、すっごくきれいな――不思議な色をしてるから。
本物の宝石はまだ見たことがないけど――きっと、こんなにきれいなんだから宝石に違いないって思って――みんな、宝石が内浦の浜辺に落ちてるの知らないんだって思って――すっごい、ドキドキしたの覚えてる！

いくつも集めて、宝物箱に入れてたよぉ♪
でもまあ、そのうち――いつも夏が過ぎると忘れちゃって箱ごとどこかにいっちゃうんだけど。
――エヘヘ♪

だから――海辺の宝石の正体が、ただのガラスのカケラだって知った時はちょっぴりがっかりしちゃった。
だって――忘れんぼのルビィのせいで、毎年どこかにいっちゃったとしても――。
やっぱり、あの不思議な色の海辺の石は、いっつもルビィの心の中で、本物の宝石だったから♡

だからね、梨子ちゃんがこうやって――集めるの、手伝ってほしいって言った時――。
なんかルビィの気持ちわかってくれる人いた!!って思って、すっごい嬉しかったんだぁ～♡♡
集めてオブジェを作るんだって！

ルビィ、海の宝石――いっぱい集めて、梨子ちゃんにあげるね！
ルビィから梨子ちゃんへのラブのしるしだよぉ♪

OUR PRIVATE LIFE
ルビィ
Ruby
2人の秘密教えてあげるね

もっと聞きたいAqoursのこと
Q and A
About Rainy Season

Q1 TO CHIKA
雨の多い季節ですが、スカッとした気分になるにはどうしたらいいですか？

毎日雨だと、イヤだよね～！ やっぱりそういう時は、チカならもうめいっぱい踊って──炭酸だな♪ ムキになっていっぱい踊るだけでもけっこう汗かいてスカッとするけど、そのあとによーく冷えた炭酸を一気に飲み干す!!! あ、チカはけっこうビタミン系が好きだよ♪ よーく冷やすのがポイントだから氷いっぱい入れてね♡♡

Q2 TO RIKO
Aqoursの中に雨女っていますか？

いる──と、思います……。でも──これを言ったら、いけないような──。あの、ヒントだけ──出しますね。いつも運が悪くて大事なイベントの時にはお天気が悪くなるっていう──あの方です。あ、でも、Aqoursには代わりに晴れ女もいて──それは千歌ちゃんと鞠莉ちゃん♡ 今のところ2対1で晴れが勝つことが多いみたいですよ♪

Q3 TO KANAN
梅雨の時期の休日はどのように過ごされていましたか？

ダイビングの仕事は、海に入っちゃえば、どうせ濡れちゃうから──雨が降ってもあんまり関係なく営業中～♡ だから、意外といつも通りに働いてるよ。逆に、この梅雨空で平日のAqoursの練習が無くなることの方が多くて──やることのないのんびりした放課後を珍しく楽しんでたかな。学校帰りに寄り道してアイス食べてました♡

Q4 TO DIA
梅雨の時期でもサラサラストレートヘアを維持する秘訣はありますか？

雨の時は、髪がうねったり膨らんだりってよく聞きますけれど、わたくしの場合は、髪質自体がかなり真っ直ぐらしくて──あまりそうはならないみたい。ただ、普段の髪はきちんとしています。しっかりドライヤーで乾かして、トリートメントオイルを丁寧につけると髪が健やかに保たれて、かえって手間がかからなくなるような気がするわ。

Q5 TO YOU
梅雨でなかなか運動ができない時、どうやって過ごしていますか？

そういう時は──ゲームだよ、ゲーム!! エヘヘ──こう見えて、じつはけっこうゲーム好きなんだ♡ 毎日Aqoursの活動と飛び込みの練習で、なかなかふだんは時間がなくてできないんだけど──雨の日はどっちもできないもんね♪ 部屋でゴロゴロしながら、カロリーメイトをかじりつつやるゲームって最高～♡ だから雨も歓迎ですっ！

Q6 TO YOSHIKO

堕天使的な雨の日の楽しみ方を教えて♪

雨にはあまりいい思い出がないわ。入学式の雨に卒業式の雨、運動会に遠足の雨——。きっと成人式の日も絶対降るって今から予想してるわ。あ、成人式に降るのは雨じゃなくて雪か——。ま、いいや。だからね、雨が降る日には——こう思うの。今、この世界に雨を降らせてるのは私の身体から湧き出してる力だ——って。世界の支配者の気分になれるわよ♪

Q7 TO HANAMARU

梅雨は雨の匂いやカエルの合唱などいろんな魅力がありますが、梅雨の好きなとこはありますか？

マルが梅雨に1番好きなのは——なんといっても紫陽花の花です！ しっとり雨に濡れて——生い茂る緑の中に咲く、さわやかな色とりどりのまぁるいお花——。梅雨の季節にしか見られない、とっても風情のあるお花だなって思います♡ 出始めの新茶と一緒に、季節の練り切りの紫陽花を頂きながら——紫陽花を眺めるのがとっても幸せずら♪

Q8 TO MARI

梅雨ですが、雨は好きですか？

晴れの日も雨の日も風の日も雪の日も——この海辺の街の海と緑はいつもきれいで——私は好きよ♡ ただやっぱり、毎日雨の日が続く梅雨には——本音を言えばちょっとだけ不自由も感じる、かな♡ だいたい私は傘を使うのが嫌いなの。ちょっとの雨なら濡れて歩けばいいと思うんだけど——そうしてるとよくビックリされるのが1番困るところね！

Q9 TO RUBY

ルビィちゃんは、梅雨の雨の中で着ていくレインコートや長靴の色は、好きな色ですか？

ルビィの1番好きな色はピンクだけど——大人用のピンクのレインコートって見たことない……。だからレインコートはしかたなく2番目に好きな水色です♡ そのかわり、長靴は編み上げのおっきなリボンのついたピンクの長靴♪ やっと見つけた自慢の長靴なんだぁ♡♡ お気に入りの長靴は雨の日のお出かけを楽しくしてくれるからいいよね！

黒澤ルビィ
KUROSAWA RUBY

国木田花丸
KUNIKIDA HANAMARU

MESSAGE FROM YOU

見よ！
打ち鳴らされる太鼓の音に、キリリと舞う曜の勇姿〜♪
なんちゃって♡
やっぱり夏が来たら、なんといってもこれ♡♡
これこれ――この夏祭りが1番のお楽しみだよねっ！

内浦は海辺の街だから――夏休みになると、もう毎週のように、近くにあるどこかの浜辺で――夏祭りが開催されてるよ。
みんなが楽しみにしてる大切なお祭りだから――ちゃぁんと日程はかぶらないように、しゅ、ん、ば、ん♡
だから、ちっちゃな浜のお祭りも、小学校の縁日も、それから沼津のおっきなお祭りも――もっちろん曜はフル稼働〜!!

空いてるAqoursのメンバーも一緒に、よくみんなで出陣してます♪

そんな私たちのお祭りの1番のお楽しみは――。
タコ焼きに、焼きそばに、綿あめ――と思った、そこのキミ！
ざんね〜んっ♪
こう見えて――曜は、めちゃめちゃ踊っちゃうほうなのだ〜!!
うん♪
浴衣やグルメもいいけど――やっぱり踊ってこその盆踊りでしょ、ヨーソロ♪

ほいきた！待ってた♪
夏の暑い夜にはみんなで踊ろ～♡

渡辺 曜
WATANABE YOU

そんな曜の憧れは――もちろんあのどでかい櫓の上！
通称お2階から、間近で灯る眩しい提灯に照らし出されて
――踊りながら見下ろす、大きく広がったみんなの踊りの
輪！

――のはずなんだけど。
大きなお祭りになればなるほど、櫓の上は――地元の踊り
上手なおばあちゃんたちに占拠されてて。
なかなか入れないんだよね――。

うーん、でもやっぱり、あの長年の経験がかもし出す、冴
えわたる踊りのキレには――曜はまだまだ。
なかなかかなわないからなぁ――。

よしっ！　曜も早くあそこに呼んでもらえるようになるま
で――こうなったら毎年盆踊り修行だねっ!!

ほらほら――。
みんな、踊るよ～♪
踊り疲れて、動けなくなったら――曜がトクベツにかき氷
をおごってあげる♪
つめたーい　レモン色のかき氷。
あーんってしてあげて、一口食べたらきっと身体中に元気
がみなぎっちゃうこと間違いなし！
今夜はみんなで一緒に踊りの海を――全速前進、水平線の
向こうまでヨーソロー!!
曜の後にどこまでも続け――♡♡♡

黒澤ダイヤ
KUROSAWA DIA

海辺の街の夏支度は――虫よけ、サンダル、新しい水着。

内浦に夏の陽射しがやって来ると。
今年の水着はどうしようかなと――いつも頭に浮かびます。

ダイビングをしてる果南や飛び込み選手の曜たちとは違って、もともとがインドア派のわたくしは――泳ぐことがそれほど好きではないから。
きっと――この内浦の街に生まれていなかったら、こんな風に。
毎年水着を新調して、海に入るなんていうことはなかったのではないかと思うけれど――。

でも、家からも学校からも、毎日見渡す限り海の景色を眺めて暮らすこんな環境にいると――。
日舞と書道が趣味の、おしとやかなわたくしでも――ひと夏に何回かはやっぱり海に入る機会があって。
当然のように――毎年水着を買い換えることになるの。
もちろん、どんどん背が伸びていた小学生の頃と違って――去年の水着が着られないわけじゃないけれど。

水着は毎年新調することになっていて、それが決まりみたい。
なぜかしら？
まわりがそうだから――なんとなく？
――フフ♡
そう考えると、わたくしらしくもないわね。

でもやっぱり――。
夏の予感がすると。
考えてしまう。

今年の夏支度――。
虫よけにサンダル。
新しい日焼け止めのチューブ。
夏祭りに着ていく浴衣に――新しい水着。
こんな時間は――やっぱり楽しい♡
今日、わたくしに似合う素敵な水着を選べたら――きっとこの夏はなにかいいことが起こるような気がします。

あ。
こっちこっち——。

松浦果南
MATSUURA KANAN

あはは♡
ごめんね、なんかせっかくの休日なのに——。
結局、海で♡

でも——休みの日にどこか行きたいところある？　って言われて——。
思いついたのがこれしかなくって。
これって、おそば屋さんが毎日おそばを食べてるのに、休日も、おそばを食べに出かけちゃうっていうのと、もしかして同じ——？
ちょっと——違うか。
あはは♡

あ、でも——一応言い訳はあるんだよ？
いつもは仕事で行くことが多いから、浜辺に行っても自由に海を堪能するっていうことがあまりないし——。
お客さんがいる時の営業モードの自分と、そうじゃない時の素の自分だと——同じ海でもやっぱり楽しさが全然違うし——。
それにやっぱり——。
やっぱり——。

海が好きだし♡

だれかと一緒に休日に遊びに行くなら、やっぱりここかなって。
あはは♡
こういうのきっと、バカの一つ覚えって言うんだろうけど——まぁ、仕方ないと思って我慢して♪
こう見えて——じつはあんまり賢い子じゃないの♡
——クスクス♡♡

だから——今日は、のんびり一緒にとりあえず泳ご？
私ね、クラスとかでは一応秘密にしてるんだけど——。
本当は泳ぐの——そんなに得意じゃないんだよね。
あ、もちろん100メートルとか200メートル、距離が長いのは普通に泳げるんだけど——ふだんは、ウェットスーツにマスクにスノーケル、おまけにフィンまでつけて泳いでるでしょ？
だから——体ひとつで泳いでみると。
意外に——速くないっていうか♡
浮力がないのと、泳ぎ方が違う分、どうもあんまり進まなくて——あはは♡

だから今日は、キミのこと頼りにしてるからね♪
ぼんやりのんびり——あんまり泳ぐの速くない秘密の果南と一緒に海辺のバカンス、楽しんでほしいな♡

たまの休日も——けっきょく海にいるのがしあわせみたい♡

雨の季節が過ぎて──
眩しい夏のキャンバスに
弾ける笑顔を描きます！

晴れの日が多い、ここ内浦でも──。
短い梅雨が過ぎて。
照り付ける太陽の眩しさと、その熱で──山の緑もまるで毎日燃えるよう。

内浦は海辺の街ってみんな言うし、深く青いきれいな海は、本当に内浦の自慢で──素敵なんだけれど──。
こうして山に目を向けると、またさらに別の、最高にきれいな緑の景色と、その向こうにちらりとのぞく海と空が──本当に眩しい夏を感じさせてくれます。
むせ返るような──夏の匂い。
なにかが起こりそうな予感に──胸がドキドキします♪

でも、そんな光景を見ていると。
ふと──。

こんなに──。
こんなに素敵な場所なのに。
なんで、住んでる人が減っていっちゃうんだろうって──。
思わず思ってしまう──。

真夏の内浦の景色は、最高に綺麗に輝いてるのに、見渡せば──人影もまばらな道。
こんな時──。
千歌ちゃんが言ってたことを思い出します。

『廃校が決まって──もし本当に学校が無くなるとしても。今、私たちがここにいること、そして──私たちの学校がここにあったこと。絶対みんなに伝えたい──』

こんな眩しい内浦の景色が育てた、千歌ちゃんたちAqoursのメンバーの笑顔は──やっぱり最高に輝いていてまるで太陽みたい♡

そんな笑顔が──どこまでも。
ここから遥か遠くの街に住む人たちにも届くような──頑張る夏に、今年はしたいです！

みんなの日記
Aqours Diary
桜内梨子より

OUR PRIVATE LIFE

鞠莉

Mari

2人の秘密教えてあげる

黒澤ダイヤ
KUROSAWA DIA

私たちと一緒に——
お祭りしたい？
どうしよっかな——フフフ♡

もっと聞きたいAqoursのこと
Q and A
About Summer

Q1 TO CHIKA

自然がいっぱい、
内浦の夏は虫と同棲なんて日常茶飯事。
虫は大丈夫ですか……？

チカは、虫は──別に得意っていうわけじゃないけど、まあ。生まれた土地が田舎だからね。女の子としては、そんなに苦手っていう方じゃないと思う、きっと♪ ガとかカマドウマは嫌だけど──ちっちゃな羽虫やバッタは全然平気〜！ 蚊には不思議と刺されない方で、きっと好き嫌いなく健康で皮膚が丈夫なせいかなって思ってるよ♪

Q2 TO RIKO

あつーい夏!!
熱中症予防対策は
どんなことしていますか？

わたし、じつは暑いの苦手なんです──。気温が高かったり、陽射しが強かったりすると、すぐにのぼせちゃう方で──情けないですね。そんな梨子の熱中症対策は、帽子と、氷入りの麦茶をいつもマイボトルで持って歩くことです！ 体の中から冷やすのが1番効く気がします。今年の夏は本当に暑いので皆さん気を付けてくださいね！

Q3 TO KANAN

バーベキューで
食べたいのはお肉ですか？
それともシーフードですか？

うーん、それは難しい質問──できれば両方って言いたいけど──どうしてもどっちかを選ばなきゃだめかな？ でもそんなこと言ってたらまるで千歌みたいか──クスクス♪ じゃあ、どうしてもどっちかなら──やっぱりシーフード希望で♡ サザエとハマグリ、それにエビをビーチで焼いて食べるのは、本当に最高だっていつも思います！

Q4 TO DIA

最近、派手な水着を
着ることが多いですが、
水着は自分で選んでいるんですか！？

そうね──自分の着るものはやはり自分自身で選ぶようにしていますわ。水着姿になるからには、中途半端にどこか隠そうとしたりするよりも──いっそ潔く出すべきところは出してしまった方が美しい、という考えで──水着はビキニと決めています。その辺りは──どうやらマリーと気が合うところみたいね♡

Q5 TO YOU

今年の夏は、
競泳水着以外の水着は
買われましたか？

それが──今年はまだ買ってないんだよぉ〜〜！ どうしよ。とりあえず去年のを着るしかないかな、やっぱ。じつは私って、いっつもこうなんだよね──夏休み直前は試験やら練習やら補習やら、やることがいっぱいありすぎて──水着買うの出遅れちゃう。あ、でもね、その分セールになってることが多いから、お得なのはおすすめだよっ♪

Q6 TO YOSHIKO

色白で綺麗なお肌をされていますが、日差しの強い夏、日焼け対策などはされてますか？

フフフ――悪魔は、その邪な魔力で日焼けなんて寄せ付けないのよ――って言いたいところだけど。日傘に日焼け止め、手袋――と悪魔的ファッションに反しないアイテムで、一応日焼け防止は試みてるわ。やっぱり悪魔は透けるように白い肌じゃないと様にならない気がして。でも、角があるから帽子はNG。日傘は黒レースよ♪

Q7 TO HANAMARU

夏を涼しく過ごすために、オススメの本のジャンルなどはありますか？

夏を涼しく過ごす本――すごい、そんなこと考えたことなかったです！ 有名なのはやっぱり怪談――日本の古い怪談もいいけど、京極夏彦とかホラーミステリーも夏には向いているかもって思います。あとは個人的にはサラリと乾いた雰囲気のある外国小説もおすすめ！ ライ麦畑やビート・オブ・ハートとか、青春小説が意外と合う気がするずら♡

Q8 TO MARI

好きな夏野菜はありますか？

トマトにキュウリ、ナスにピーマンにトウモロコシ――♡♡ 食べ物の好き嫌いはあんまりないマリーだけど、夏のお野菜は特に好きなものの1つよ♪ 特に好きなのはズッキーニ！ パルメジャーノがたっぷり入ったズッキーニのピカタだったら、この時期ステーキよりも愛してるかも♡♡ もちろんメロンにスイカのフルーツも愛してる♪

Q9 TO RUBY

ルビィちゃんの好きな夏のコーデはなんですか？

ミニスカートに厚底サンダル！ ルビィね、やっぱり、夏はいっちばんサンダルが楽しい季節だと思うんだぁ～♡♡♡ 10センチ以上くらいある真っ白いソールのサンダルにピンクのフリルのミニスカートがルビィの一押しだよぉ！ トップスは流行りのオフショルダーか袖コンシャスで、チビのルビィもスラリと大人っぽく見えたらいいなぁ～♪

ラブライブ！サンシャイン!! FOURTH FAN BOOK　47

私たちAqoursはいつでもどこでも永遠に
サンシャインな夏休み気分――
だったらよかったのにね♪

高海千歌
TAKAMI CHIKA

MESSAGE FROM CHIKA

うわあ――遅刻、遅刻、遅刻だよぉ～!!!
やっちゃった――。
新学期1日目から――まさかの遅刻!!

って言ったら――。
「まさかの、じゃなくて――いつもの安定の遅刻でしょ、千歌の新学期の場合は」って言って――果南ちゃんに笑われちゃったけど。
あ、あはは――♪
うーん、でも、じつはさ、昨日の夜は、なんかあんまり寝付けなかったんだよね。
やっぱ、あれかな――？
いよいよ明日から学校だって、夕方になって気が付いて――興奮しちゃったのかな？

ほら、よく遠足の前の日になるとドキドキワクワクしすぎて眠れないっていう――アレ♡
久しぶりの学校って思うと、やっぱり緊張するしね♪　昨日の夜は、ベッドの中でごろごろごろごろ――寝返りうってるうちにどんどん目が冴えてきちゃってさ――。
結局、チカ、明日から再開するAqoursの活動のためにって、いーっぱいアイドル動画見ちゃったよ～♡
うん、だからきっと、たぶん間違っても――毎日、夏休みで学校がないのをいいことに、遅寝遅起きしてたせいじゃあ――ないと思う♪　エヘヘ――♡
まあ、とにかく！
今日から新学期――朝から思いっきり全力疾走の登校で張り切ってまいりましょう♡

みんなの日記 Aqours Diary
黒澤ルビィより

で、出口はどこ——うわぁ～ん！もうどっちから入ったのかもわからないよぉ～!!

うわーん！
もう、だから言ったのに——。

ルビィを運動会に出したりしたら、絶対後悔するって——うわああああん!!

……。

そうは見えないかもしれないけど——。
今日は運動会です。

あ、運動会っていっても、学校のじゃなくって——。
おじいちゃんもおばあちゃんも、保育園の子も、小学生も——みーんなそろっての、町内大運動会。

この前、秋祭りがあったばっかりなのに——。
秋はなんか多いんだよね——行事。

それで——。
町内運動会は、学校のと違って、わりと難易度高いのが多くって——。
パン食い競争（第一希望で千歌ちゃんが出てる）とか、借り物競争（こっちは押しの強いよっちゃん）とか、あとは、この障害物競走とか——。
まあそれでも、下駄飛ばし競争（鞠莉ちゃんが新記録出したの！）とか、ビニールプールの磁石釣り合戦（曜ちゃんが鉢巻して張り切ってる……）とかよりは、簡単そうかなぁと思って。
1人ひとつは絶対参加っていうし。
参加することにしたんだけど——。

この障害物の網——大きすぎだよぉ。
ルビィ、いくら海辺の街だからって、漁網は無茶だと思います——。

もっと聞きたいAqoursのこと
Q and A
About Hairstyle

Q1 TO CHIKA

髪型はいつも自分でセットしてるんですか？

うん！　ぶきっちょなチカだけど——一応やってるよ〜！　そんでね、三つ編みが曲がっちゃったりしてる時は、学校行ってから、果南ちゃんや梨子ちゃんに直してもらうの〜♡♡　エヘヘ、みんな優しいよね！　たまにはもっと髪を長く伸ばして、大人っぽいロングヘアにしてみたいなって思うけど、いっつも我慢できなくて切っちゃうチカです♪

Q2 TO RIKO

いろいろな髪留めをしていますが、特にお気に入りの髪留めはありますか？

あんまり目立つのは苦手だから——大きなリボンが付いたり、フリルやファーが付いたのは苦手で、前髪やワキの髪を留めてくれる小さめなピンをけっこうたくさん持っています。好きなのは——シンプルな服にも合わせやすい、飾り気のない透明感のある素材でできたピンかな？　優しいピンクの真珠色のピンが今は1番気に入ってます♡

Q3 TO KANAN

髪がとても綺麗な果南ちゃん。ヘアスタイルは変えてみたいですか？

うーん、変えてみたい気持ちもなくはないけど——正直言って、あんまりヘアスタイルに関心がない、かな？　あはは♡　ダイビングをやってるとどうしても——髪の毛は邪魔になっちゃう。だからいつもこうして——ひとつにまとめて結ってる。ショートは楽そうに見えてじつは水中で広がっちゃうからかえって困るの。働く少女のヘアスタイルです♪

Q4 TO DIA

Aqoursメンバーの中で真似してみたい髪型はありますか？

メンバーの中で——だったら、特にないんだけど、じつはずーっと昔からあこがれてる髪型はあって——フフフ♡　それは、ベリーショート♡　昔の白黒写真に出てくるフランスの女優さんのような、おでこ全開の——モードなベリーショートにしたら、いったいどれ位開放的な気分になるのか——試してみたいわ♪　みんなの反応も楽しみね♡

Q5 TO YOU

髪の長さは昔から今のままですか？

え——どうだろ。あはははは——そういうの、あんまり気にしたことなくて♡　たぶん、このくらいかな。あ、もしかしたら、保育園の頃とかは、長かったこともあるかもしれないけど、でも——自分の記憶にある限りでは、たぶんずっとこんな感じ。あんまり長いのは好きじゃないし——美容院に行くともらえるアメが好きで、いっつも勇んで行ってたよ♪

Q6 TO YOSHIKO
髪型のお団子は
いつごろからしているものですか?

あのね、これはじつはこの下にある悪魔の印を隠すためにしてるの。だから、私が悪魔になってからだから——そう、それは中3の途中——あ、じゃなかった！ しまった、ごめん間違えた!! 悪魔の印だから——ずっとよ、ずっと!! 生れた時からこの髪型——っていうのも無理あるかやっぱり……。目立ってきたのは中3からってことにしとこうかな♡

Q7 TO HANAMARU
どれくらいの頻度で
髪を切られていますか?

頭髪の乱れは心の乱れ——マルの家はお寺さんなので、髪の毛はいつもきちんとしているように言われます。あ、でも、もちろん、女の子だから頭を丸めて坊主頭になれ——とは言われないんだけど——♡ だから1か月に1度は日を決めて、必ず髪の毛を切りに行きます。いつも、切ってもあんまり変化なくて——みんなに全然わかってもらえないずら♡

Q8 TO MARI
鞠莉ちゃんはヘアスタイルが
特徴的ですが、セットするのが無性に
面倒くさくなったりすることはないですか?

大丈夫、ノープロブレム！ 面倒くさくなった時は——もう、そのまま乾かしっぱなしにしちゃうから〜♪ ウフフ♡ でも——このヘアスタイルって、べつに見た目ほど手間はかかってないのよ。編み込みってなれたら結構簡単にできちゃう〜♪ マリーは、今ではもう鏡を見なくてもOKなくらい♡ 今度、キミにもやってあげよっか♪ 楽しみね！

Q9 TO RUBY
ヘアスタイルに
こだわりはありますか?

ルビィが好きなアイドルのヘアスタイルは——やっぱり、セミロング！ つやつやのロングヘアも大人っぽくてかっこいいけど——やっぱりかわいさ重視のアイドルは絶対に、前髪重めのセミロングだと思うんだぁ〜♡♡ だから、ルビィはつやつやの前髪にこだわってます!! この間も、お姉ちゃんのトリートメントこっそり使っちゃった♡

桜内梨子
SAKURAUCHI RIKO

秋のお祭りは全員参加が基本です！
みんなで準備してみんなで食べたら——
100倍おいしくなる不思議ですね♪

MESSAGE FROM RIKO

家を出る前に準備してバッグに入れたのは、エプロンに三角巾——。
ちょっぴり調理実習気分で出かけてみたら——現れたのは、大根ににんじんサトイモ——おみそに豚肉！
びっくりするくらいに大量の食材があって、驚いちゃった。
大きなお鍋に、切っても切っても——尽きない大根！
フフフ♡
今日はものすごい量の豚汁ができそうです！

お祭りってスゴイですよね——私は東京に住んでた頃は、お祭りっていっても、小さい頃に夜店巡りをした記憶があるくらいで——。
それはそれで楽しかったけれど、でもこんな風に大人に混ざって、自分たちで作り上げるお祭りにばっちり参加するのは——初めて♡
初めてだけど——でも。
こんな風に、みんなでわいわい大騒ぎしながら働いて——みんなで作った豚汁をみんなで食べる。
作り手もお客さんもみんな同じな、この感じが——。
なんだか好きです♡

さあ、みなさん！
今日はAqours特製の豚汁が食べられる貴重な機会ですよ～♪
大人もこどもも、おじいちゃんもおばあちゃんも——みんな楽しんでいってくれたらいいな♡

小原鞠莉
OHARA MARI

新学期に楽しみなものは
みんなで過ごすランチタイムと
本気モード全開のクラブ活動♪

よく晴れた青い空の下、爽やかな風が吹いて──少しだけ、秋の予感。
今日から私たちAqoursの練習もいよいよ再開♡
海を見渡す屋上で──そんな風に吹かれながら踊るのは最高の気分よ♪
そうだ、いっそのこと　ここでステージができたらいいのにな。
どうかな？　Aqours' 4th LIVE in 浦の星女学院!!
もしやったら──みんな来てくれる？
ウフフ♪
いいな〜、ここだったら、会場代もかからないし、でも、ステージもない
けど──そのぶん、見に来てくれたみんなとの一体感がばっちり味わえ
そう!!
明るく輝く太陽の下だけど──大きな音量で思いっきり！
ちょっとしたクラブ気分で──みんなも一緒に踊ってみるのも悪くない
んじゃない？
Wao〜, so nice!!
ステキな考え♡♡♡
その時の選曲はマリーにおまかせね♪
ノリのいい曲をたーっぷり準備して、待ってる♡♡
CLUB MARY へようこそ、よ♪

ダメ——どうしよう——。

……。

でられない——。

おふとんから——。

どうしよう。
……あと——2分だけ。
2分だけなら—— いいかな？

いつもは、二度寝なんて——あんまりしないんだけど。
だから——。
今日だけ。
ね？
ひんやりした部屋の空気に、ふかふかの暖かいおふとん——なんだか、いつも二度寝しちゃう〜って言ってた千歌ちゃんの気持ち——。
初めてわかったかも。
こんなに——気持ちいいんですね♡
秋の二度寝って。
まさに——悪魔の誘惑かも。

あ、だめ——やっぱりもう——目が開かない……。
あと2分経ったら絶対起きるから——。
今日だけは寝かせて——。

みんなの日記
Aqours Diary
桜内梨子より

ラブライブ！サンシャイン!! FOURTH FAN BOOK　61

9月も終わり。
夏休みが終わっちゃって──。
残念な気持ちと。

でも、それなのに。
まだまだ続いてた暑さに──。
ちょっぴりだけ、うんざりし始める頃。

そんな、だらけたチカたちの気持ちに──。
不意打ちをくらわせるみたいに。

ツンと冷ややかな秋の空気と──。
衣替えの制服がやって来る♡

私たちが通う浦の星女学院には、この季節だけ
の──特別な制服があります♪
それは昔──まだ今の制服に代わる前に使われ
てた、この黒い制服。
お母さんも着てたんだって！
昔の写真見せてもらったら、写ってたよ〜、写
ってた！ なんかすっごい──チカに似てた！
エヘヘ──やっぱ親子って似てるんだねぇ？

あ、ってことは──大きくなっておばちゃんに
なったら、チカもお母さんみたいになるってこと!?
ひぇぇ〜、やばい、それは困るかも！
あはは──♡

そんなおしゃべりをしつつ。
今日はなんだか少しだけ新鮮な気持ちで──登
校です♡
やっぱり、かわいい制服は気分があがって。
楽しいよね♪

高海千歌
TAKAMI CHIKA

一足早い秋の空気に──
どこかレトロな女学生気分♪

もっと聞きたいAqoursのこと
Q and A
about Autumn

Q1 TO CHIKA

秋が来ました。
最近秋を感じたのはどんな時？

朝起きて、それまでとは一味違う、ひんやり冷たい空気を感じた時と──栗ようかんを食べた時!! 秋はいろんなものがおいしくなる季節だけど──チカは栗が大好きです♪ 一応、家は旅館だから、秋の炊き込みご飯にだけは不自由しなくて、栗ご飯も最高なの♡ エヘヘ！ 翌日は栗ご飯のおにぎり持って学校に行って、みんなで食べるのも楽しみです！

Q2 TO RIKO

梨子ちゃんは、Aqoursの
メンバーたちや家族のみなさんと
秋に出かけたい場所はありますか？

私は、真夏の暑さは少し苦手なほうで──秋の訪れを感じるとすごくホッとして、嬉しくなります！ そんな私が──この秋にみんなと出かけてみたいなと思うのは、実は温泉♪ 今年の夏は毎日猛暑で、本当に暑い日が続いたせいか、入浴も軽く済ませがちだったような気がして──。涼しい秋風に吹かれながら、ゆっくりみんなで温泉につかりたいな♡

Q3 TO KANAN

今年の秋は
なんの秋にしたいですか？

なんの秋、か──なかなか難しいね！ スポーツの秋に、食欲の秋、読書の秋に──えっと、あとはなんかあったっけ？ アハハ──♡ まずい、なんかふだんの底抜けっぷりがばれそう♪ そうだな──もしかしたら世間ではそんな言い方ないかもしれないけど。この秋は──Aqoursにとっては大きなライブもあるし、音楽の秋!! にしたいかな♡

Q4 TO DIA

ダイヤちゃんは、秋の旬の食べ物で
秋刀魚と松茸、
どっちが食べたいですか？

それはもちろん──松茸よ♡ 秋刀魚も──秋の味覚として、もちろんいいとは思うけれど──わたくしにはすこしインパクトが強い味だわ。その点、松茸は──上品で優雅で、さわやかな香りよね♪ 食べ方は、丸ごとの焼き松茸か、土瓶蒸しが好みと言えるかしら？ 小さなお猪口でいただく土瓶蒸し──いつか愛する方に作って差し上げたいわ♡

Q5 TO YOU

秋から冬にかけてのこの時期は
どんなスポーツを
主にしていますか？

屋外プールが使えない、これからの季節は──水泳の選手にとっては、陸上トレーニングの時期。本当は──走り込みとか、腹筋とか、体幹トレーニングしなきゃいけないんだけど──問題は、曜は、そういう真面目なトレーニングが大の苦手ってことなんだよね！ あはは♡ だから──これからはAqoursのダンス練習をがんばろっかなって思ってます♪

Q6 TO YOSHIKO

堕天の秋！ ヨハネちゃんはどんなことをするんですか？

秋になると──涼しい風が吹いて。人は少し──さびしくなるものでしょう？ 不思議よね。別に今までと何も変わりがない生活をしているはずなのに──夕方の暮れた空と、冷たい風に吹かれるだけで心にすき間ができて──。だから悪魔のヨハネは、そんな心のすき間に入り込んで──ごっそりリトルデーモンにするべく、悪魔の勧誘活動、頑張ります♡

Q7 TO HANAMARU

十五夜はお寺でなにかされましたか？

お寺のお月見は、すすきにお団子と、お神酒──っていうわけにはいかないので、マルは甘酒をいただきます♡ 甘酒は──あったかくはしないで、ちょっぴりしょうがをきかせた冷たい甘酒。だって──まだこの頃は夏の暑さの名残もあって、ほかほかの甘酒を飲んだら、マルのほっぺまでほかほかになって──真っ赤になってしまって恥ずかしいずら♡

Q8 TO MARI

食欲の秋！ ついつい食べすぎちゃう秋ですが、鞠莉ちゃんの秋の味覚はなんですか？

焼き芋。アハハ──日本のおいもって美味しいよね〜♪ マリーは大好き！ スイートポテト食べるよりなんかいい感じ♡ あとは──ミネストローネにクラムチャウダー、フレンチオニオンスープに──うん♪ 秋はスープがおいしい季節よね！ グリルで焼いたチーズたっぷりのパニーニサンドに、サツマイモ入りのホットチャウダーがお楽しみよ♪

Q9 TO RUBY

夏休みが終わりましたね、ルビィちゃんは夏休みは楽しめましたか？

すっごいすっごいすっごい、楽しい夏でした〜！ じゅんさんも楽しかったですか？ だといいなぁ〜♪ あ、でもね、ルビィたちAqoursのメンバーは、これからおっきなライブがあるから──そこに向かって意識集中!! 夏休みが終わっても、ワクワクドキドキの時間を過ごしているよぉ♡♡♡ みんなと会える秋を楽しみにしています♪

松浦果南
MATSUURA KANAN

MESSAGE FROM YOSHIKO

もうっ!!
舞い散る落ち葉を振りまいて、私は秋のプリンセスって
――なんじゃそりゃぁ!!!!
幼稚園生か、花咲かじいさんかっての!
ホント、鞠莉ちゃんって、案外――子供っぽいっていうか
――無邪気よね。
やっぱ、アメリカンな教育の成果かしら?
ポジティブシンキング――。
私みたいな――生まれつき運が最高に悪い悪魔からは、程
遠い思考回路だわ。
だって、私だったら――。
こんな風に、学校挙げての落ち葉掃除デーのイベントの最
中に、せっかく掃き集めた落ち葉の山が、風にあおられて
全部巻き散らかされた――なんてことになったりしたら。

絶対に、ああ、また私の運の悪さのせいだ――って思うも
の……。
だから、こんな運の悪い世界に生きる小悪魔ヨハネには、
世界を呪って地獄に変えちゃう権利くらいある――って、
あっ、ほらぁ――もう!
いくらポジティブシンキングだからって調子にのって、さ
らに巻き散らかして、どうするのよぉ～!
これじゃいつまでたってもお掃除終わらないでしょ!?
小悪魔のヨハネは――こう見えて日本生まれの日本育ち、
時間はちゃんと守る方なのよ!?
早くお掃除終わらせないと、放課後に突入して、Aqours
の練習に間に合わなくなっちゃう――だからもう今はポジ
ティブ禁止!
ほら、ネガティブにだって――けっこう使える要素はある
んだからね♪

ふぅ～～！
やっぱり温泉ってサイコー、
だよねっ♪
伊豆は温泉が有名で、いろーんな場所に温泉が
あって。
ここ内浦にも、いくつかの温泉があるから──
もう地元にいるとそんなに珍しくもないんじゃ
ない？　ってよく思われるけど。
でもね、やっぱり、こうやって──練習の後に
入る温泉はサ・イ・コ・ウなんだよっ!!
私たちだけで入るのが、本当にもったいないく
らいで──だから、せめて♡

今日は、ここからこうして──私たち、Aqours
が贈る温泉リポートですっ♪
うん、秋の紅葉が彩る、伊豆の温泉はいつもよ
り心なしか──ロマンティックなムードがア
～ップ！
なんだか、お肌のしっとり度もアップしちゃい
そうなので──こうして横にいる大和撫子のお
嬢様も、なかなか満足そうです♪
のぼせそうになっても、こうやって半身浴にす
れば涼しい風が最高に気持ちよくて──長い時
間楽しめるのも、秋の温泉のいいところ♪
温泉の後はゆっくり──私たち Aqours の曲
でも聞いてリラックスしてくれたらさらに最高
──のはずだよっ！
以上、リポーターは、いつも元気に全速前進!!
渡辺曜でした♡

スクールアイドルAqoursが
のんびり温泉リポートをお届けです♪

小原鞠莉
OHARA MARI

MESSAGE FROM CHIKA

よぉ～っし、これでAqours風クリスマスツリーも、いよいよ準備完了‼
きっと、パーティーに来てくれるチビッコたちも、きっと大喜びしちゃうはずだよ♡
やったね♪♪

私たちの住む内浦では、クリスマスって言っても――とくに大きなイベントがあるわけじゃないです。
だから、12月になると増えてくる、観光客用の水族館のイルミネーションや飾りつけを見ながら――こんな風に、近くの児童館で開催されるクリスマスのお楽しみパーティーに、ちゃっかりOGまで集まって、楽しんじゃうのが定番で――
今年も、こうしてみんなで準備の飾りつけをお手伝いに来ています♡

こんなとき――クリスマスツリーの飾りに、こっそりお魚やリオネが紛れ込んでたり、プレゼント交換の中身がみかんだったり。
それからクリスマス本番当日のディナーの豪華なごちそうメニューがローストチキン＋お刺身盛り合わせ！　だったりするのが――まぁ♡
――海辺の街あるある、かな？
エヘヘ♪

今年1年、私たちAqoursはいろーんな活動を頑張ってくることができて、それはきっと、みんなのたくさんの応援と笑顔のおかげで――本当に幸せな気分で迎えるクリスマスになりました♡♡
大みそかには、今年最後の活動も控えてるから――今から絶対絶対、みんなに最高の姿を見せられるように頑張ります‼　楽しみにしててね♡♡♡

ラブライブ！サンシャイン!! FOURTH FAN BOOK　71

冬のお鍋はちょっぴりクールな人もホットにしちゃう魅力がいっぱい♪

アツッ!!

うわーん、やっぱりまだ熱かった——!!!!!

もう、何回繰り返しても——かわせない、冬のお鍋の最初のひとくちの——アツアツ攻撃!

お鍋ってさ——なぜか絶対、いつも思ってるより熱いよね……。
ルビィは、お鍋だーい好きだから、もう今までに何度もこの攻撃をくらってるんだけど——。
わかってるはずなのに——。
どうしても待ちきれなくて。
アッツアツの出来立てのお鍋から、中身をよそって自分のお皿に取ったとたんに——きっともう絶対に、食べても大丈夫なくらいには冷めてるはず♪
って思いこんで——。
やっぱりまたやられちゃった！
テヘへ♪

でも、こんなとき——お口の中は痛いけど。
いつもクールなお姉ちゃんが大慌てになって心配してくれるのが——なんだかちょっぴり楽しいルビィです♡
ちなみに、ルビィの大好きなお鍋の具、ナンバーワンは、鶏肉とつみれとタラ！
いっつも予想外にアツアツでアチチッてなっちゃう具は、ネギとお豆腐としいたけです♡
みんなも気を付けてね！

試験も終わってあとは楽しい冬休みの予感！
なんとなく浮かれる校内の空気に──
悪魔だって歌っちゃうんだから♪

聞いて！ 小さいころから運が悪いのが身上の——この堕天使ヨハネが！ なんだかどうも最近——ちょっとだけ、運がいい、みたいなの♡ あ、って言ってもほんのちょっとよ？ 運がいいっていうか、ただ普通の人っぽくなったっていうか——とにかく今回は試験用紙の取り違えとかもなかったし♡ どうしよ、クリスマスが来て——私、そろそろ天使になっちゃうのかもね♪

海の向こうと空の向こう――どっちも青くて
キラキラ光ってるのが
ちょっと似てる――

星が好きな果南ちゃんに誘われて――今日はみんなで星空天体観察♪　私たちAqoursはアイドルの星だけど――うわぁ～、やっぱり、本物の星はすごいや！本当に降ってきそうな星空。こんなにたくさんあるんだから――流れ星も見つけられるかな？　もし見つけたら――Aqoursの成功をお願いするんだ♡

初春のごあいさつは──
心を込めて晴れやかな空の下、
1年分の愛を込めて──♡

桜内梨子
SAKURAUCHI RIKO

MESSAGE FROM YOU

パンパンと──。
大きな柏手の音が2回。
乾いた空気の穏やかな空に響き渡ると──。
なんだかキュッと。
心が引き締まるような気がします。
新年を迎えて──初めてのお参り。

うん♡

これってちょっぴり──。
プールの横の階段を登り切って──飛び込み台の上に立つ時の一瞬に似てる。

いつもちょっぴりフワフワと──どこか身体のまわりを漂っている曜の気持ちが。
おヘソのあたりに、キュッて──集まってきて。
さあ、これから──いよいよ始まるぞっていう気持ち。
身体の全部の神経が研ぎ澄まされて──。
どこか一点に強く向かっていくような──。

……。

──なんて、エヘヘ♡

なんかうまく言えないけど。
っていうか──問題は、曜の場合、その集中力が、本当にそのたった一瞬しか持たなくて、2秒後くらいには、またどこかをフワフワしちゃうってとこなんだけど──。
まあ、だから──飛び込み種目なんてやってるのかもしれないよね──あはは♡

一瞬の緊張と──緩和。

なんだか新しい1年に飛び込む気分の──今日の初詣です♡
みなさん、今年もどうぞよろしくお願いします!!

チカはちっちゃいころから、家のおもち当番を
よくしてきました♡
お正月に、親戚や仲間がたくさん集まると——
お雑煮やおしるこに入れるためのおもちを焼く
でしょ？
その時、おもちの面倒を見るのがおもち当番♪

焼き網の上に人数分並べたおもちを——じーっ
と見つめながら、赤々と熾こった炭火の火鉢の
前にいると。
だんだんチカのほっぺたも熱くなってきて——
まるで、チカもおもちみたいに焼けてる気分に
なってくるよ♪
遠赤外線ってスゴイよね！
やっぱりおもちは炭火にかぎる～♡♡

こう見えて、おもちの乗ってる場所によって、
焼け方がけっこう違ってくるから、様子を見て
ひっくり返したり、場所を入れ替えたり、なか
なか忙しいんだよね♪

チカとマルちゃんの力作の、絶妙な焼け具合の
おもち。
みんな美味しく食べてくれるといいなぁ～♪
理想は、おもちの真ん中がちょっとだけ割れて
中からおもちが膨れかけてて、おもちのはじっ
こがほんの少しだけ、こんがり薄茶色に焼けて
る感じだよ♡
そしておもち当番の役得は——こうして合間に
焼きたてホヤホヤのおもちをつまみ食いできる
こと！
チカの1番のお勧めは砂糖醤油です♪

国木田花丸
KUNIKIDA HANAMARU

OUR PRIVATE LIFE
千歌
Chika
2人の秘密教えてあげる

休日のデートは久しぶりの映画館♪
みんな、思いっきり──
感動しちゃう準備はOK？

MESSAGE FROM DIA

今日は、久しぶりに──。
休日の映画館にやって来ました。

最近、ずっと週末も──Aqoursの活動があることが続いていて。
あんまりゆっくりできるお休みもなかったから、嬉しいけれど──。
結局こうして、お休みの日もメンバーと一緒にいるなら、それほど休日の意味もなかったかしら？
なんて──フフ♡
そんな風にクールに言ってみても──やっぱりなんだか♡
こうして、みんなでちょっとだけはしゃぎながら、映画館に来るのなんて本当に久しぶりで、わたくしもすこしだけ──ワクワクした気持ちよ♪

──って、こら！
もっ！ 2人とも──いくら楽しいからって、そんなに大騒ぎしないの～!!
まったくもう──ちょっと目を離すとすぐに、これなんだから。
鞠莉もヨハネも、2人とも──映画を見るならお菓子とジュースは欠かせないって言って、みんなに買い込んじゃって──トレーの上があふれそう！
これじゃあもう、映画がメインなのか、食べるのがメインなのかわからないじゃない──。

まあ、いいわ。
映画の楽しみ方は人それぞれ。
今日の私は、お菓子よりもめいっぱい──感動する気満々でハンカチの準備はバッチリOKよ♪
みんなでAqoursと一緒の休日、楽しみましょ──♡

黒澤ダイヤ
KUROSAWA DIA

黒澤ルビィ
KUROSAWA RUBY

森の中で眠くなったら――
クマさんに会う前におうちに帰ろう♡

あぁ――いい天気。

春が――来たのかなぁ♡

いっつも――こうして待ってる、マルちゃんの図書委員
のお仕事だけど――。
今日はお掃除当番で――。
遅れてきたら、なんだか――図書室の中で会議してる。
ルビィは、図書委員じゃないから、ちょっぴり、入りに
くいなぁ～って思って――。
こうして廊下で待ってたら――。

陽が当たって――ポカポカ♡
いい――気持ち♪

ふわぁ――。

すっかり眠くなっちゃった！
まずいな――。
いつでもどこでも、眠くなったところでところかまわず
寝たらいけないって――。
ちっちゃい頃からお姉ちゃんに言われてるのに――。
眠るとクマに食べられるよって――。

でも――眠いよぅ。

きっと大きなクマさん――夢の中でなら、会っても――
食べられたりしないんじゃないかな？
うんきっとそうだよ――。
だから、ちょっとだけ――。
マルちゃんが来るまでのちょっとの間だけ――。

みなさん、おやすみなさぁい――♡♡♡

海の上に降る雪は──。
積もることなく一瞬で消えてしまいます。
それは──不思議で。
儚くて。

でも、どこか──。
心が温まるような──。
優しい光景。

ヒラヒラと降りて来た冷たい雪のかけらが──。
水面に触れたとたんに。
海からの熱をもらって、ふわりととけて消えてなくなるの。
うぅん、なくなるんじゃなくて──。
海の水と一緒になって、自然に還る。
そんな気がする──。

……。

なんて──あはははは♡

ちょっと──詩人になりすぎたかな？
フフフ♪
こうして寒い冬の季節がやって来ると──ダイビングの仕事はヒマになるでしょ？
そうすると──こんな風に無心に海を眺める時間なんかもできちゃって──。
うん！
そんなことより、今日はこれからみんなで学校に集まって Aqours の練習♪
冬休み中も Aqours は次のステージに向けて頑張っています！

みんなの日記 Aqours Diary
松浦果南より

珍しいことがあった日は
なにかいい知らせが来る
──気がします♡

プレゼントを渡した時の
みんなの笑顔が梨子への
1番の贈り物です——♡

みんなの日記 Aqours Diary
桜内梨子より

ふぅ——。

一時は——どうなることかと思ったけど。
よかった、間に合って♡

明日は——セントバレンタインデー。
梨子みたいな——臆病者でも。
みんなに「大好きだよ！」って気持ちを伝えられる——素敵な日です。

だから、昨日から一生懸命、準備した——手作りのチョコレートとケーキ。
みんな、喜んでくれるかな？

ラッピングにはなかなか悪戦苦闘しちゃったんだけど—— ウフフ♡
自分で言うのは変かもしれないけど—— けっこうかわいくできたと思うの♪

かわいいものが好きなルビィちゃんとか——きっと喜んでくれるかななんて思ったり、あとは、甘いものが好きなマルちゃんやヨハネちゃんも嬉しいって言ってくれる気がするし、もちろんいつだっておやつは大歓迎の千歌ちゃんや曜ちゃんはすっごくはしゃいでくれそうだし——クスクス♡ それに3年生の鞠莉ちゃんや果南ちゃんやダイヤちゃんは、きっと優しく褒めてくれて——。
なんて、想像してると——なんだか— 嬉しくなってきて♡
ドキドキして、上手く眠れなくなってしまいそう——。

甘い甘いチョコレートの香りに包まれて。
今夜は楽しい夢が見られそうです。
寝過ごして——明日の朝、遅刻しちゃわないように—— 気をつけ——なくちゃ……ね、
おやすみなさい……♡

ひゃ――♡
あ、まーいっ♪

やっぱり、真冬に飲むシェイクは最高～!!　だよね♡
見て見て～!
この舌にじんじんくる清涼感♪

って言っても、Aqoursは意外と冷たいの苦手な子も多くて――こういう時に、いっちばんに行きたがるのはチカと曜ちゃんくらいなんだよね。梨子ちゃんはあったかいミルクティのほうがいいって言うし、マルちゃんはココアかできれば緑茶（そんなのファストフードで売ってな～い!）、果南ちゃんは、お砂糖なしのカフェラテ希望で――あ、いつも露出度高めで、ホットパンツ大好きの暑がりの鞠莉ちゃんですら、いつも飲んでる氷入りの炭酸をご指名するぐらいがせいぜいで――。

フフフ♡
やっぱり、冬の勇者はチカたちだけだな♪

だからね、いつもこの季節――バレンタインデーデートの甘～いシェイクを一緒に飲む相手は曜ちゃんに決まってます!
チカのとっておきのパートナーだよ♡

真冬の寒さになかなか融けないストロングなシェイクの甘さは、まるで元気なAqoursみたい～!
いつもよりもちょっとだけぎゅぎゅっと近づいて――仲良し気分マックスのバレンタインです!

高海千歌
TAKAMI CHIKA

OUR PRIVATE LIFE
千歌
Chika
2人の秘密教えてあげる

もっと聞きたいAqoursのこと
Q and A
About Spring

Q1 TO CHIKA

春から社会人になる人に なにかひと言お願いします！

うわ——!! すごいすごいっ♡ 春から新社会人——大人になるんだねぇ～♪ きっといっぱい、大変なことや緊張すること、頑張ること——あると思うけど。でもね！ 私たちAqoursが、あなたのことを力いっぱい応援してること、いつも心の中で——感じていてね♡♡ 頑張ることで人は絶対成長する、夢は叶う——ってチカは信じてます!!

Q2 TO RIKO

春から始まる新生活を 乗り切れる料理を教えてください！

新しい出会いに新しい生活——桜の季節とともにやって来る春は、緊張の季節ですね。花はきれいだけど——人見知りで臆病な梨子も、ちょっぴり苦手です。そんな時には、旬の素材がおすすめですよ♪ アツアツのそらまめやタケノコとワカメの煮物、緑の鮮やかな豆ごはん——なんてどうでしょうか。きっと心に栄養が届いて元気になれると思います♡

Q3 TO KANAN

小学校や中学校の 卒業式の日はどのように 過ごされていましたか？

卒業式の日は——まあ、あんまり——なんてことなく、過ごしていたかな？ あはは♪ だってこの街では——小学校も中学校も1つしかなくて。たいていの子とは知り合いだから、出会いも別れも全然なくてただの終業式みたいな感じだったからね♡ 昼前には終わっちゃうから——逆に暇で、よく海辺で千歌と遊んだりしたよ。のん気な思い出の日です♪

Q5 TO YOU

カメラを持って、「春っぽいもの 撮ってきて～♪」って言われたら、 なにを撮りに行きますか？

めだか！ あ、でもそれだとなかなか見つけにくいから、やっぱり——カエル!! ルビィちゃんや梨子ちゃんが泣き出さないように、なるべくカワイイやつを見つけるよ♪ あ、あとは——お肉屋さんの揚げたてコロッケ！ あったかくなって、ついつい思わず——の買い食い＆歩き食べが楽しい季節になって来たよね♡ いっぱい泳いでいっぱい食べるぞ♪

Q4 TO DIA

春の花で 好きなものはなんですか？

春は花がたくさん咲く季節で——街のフラワーショップの店先にも、いろんな花が満員！ ストックにパンジー、アネモネにチューリップやアマリリス——。もちろん野に咲く花も、芝桜やなでしこが可憐よね♡ わたくしは切り花なら潔い立ち姿のカラーなんか好きだけれど——それでもやっぱり、たった1つだけ選ぶのなら——月並みだけど桜を選びます。

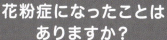

Q6 TO YOSHIKO
**花粉症になったことは
ありますか?**

ちょっと、それ──本気で聞いてる？ か、かかかか──かふんしょう!? 悪魔が花粉症だなんて、そんな──そんなわけ──ないと思う!! たぶん──きっと。ほら、最近ちょっと鼻がムズムズするのとか、たまにくしゃみが出るのは──風邪なのよ、きっと。そりゃあ悪魔だって、風邪ぐらいはひくわ～♡ でも、花粉症はナイな、たぶん！ そんな気がする♪

Q7 TO HANAMARU
**小中学校の卒業文集には
どのようなことを書きましたか?**

それはやっぱり、定番の──「将来の夢」とか「小学校6年間の思い出」とか、そんな内容を書きました。大好きだった図書室のこととか、大人になったら司書さんになれたらって思っていたこととか──。フフ♡ あの頃の自分が、きっと今のおらの姿を見たら──きっとものすごくびっくりするだろうな！ アイドルなんて夢にも、思ってなかったずら──♪

Q8 TO MARI
**エイプリルフールに
どんな嘘をついてみたいですか?**

今年のエイプリルフールは、新元号発表の日と重なって、なんだかすごいことになりそうなJapanよね♪ 私は──ウソをつくなら、壮大なウソが好き♡ 富士山の山頂で宇宙人が発見された、とか空飛ぶ人類が発見された、とか♪ そうだ、今年のエイプリルフールには、本物の悪魔発見！ ってニュース投稿しようかな。かわいいヨハネの写真付きよ♡

Q9 TO RUBY
**エイプリルフールに
嘘をつかれたことはありますか?**

あるよぉ～!! ルビィは、すぐに信じちゃうから──いっぱい、いろんな人にだまされちゃうんだ……。人気のアイドルが、学校の近くの公園に来てるって言われて、走って行ったらただのドッヂボール大会だったとか──（ルビィはドッヂボールは苦手だし、好きじゃないから、そんなだったら絶対行かなかったよぉ～！）。嘘つかない人がルビィは好きです♡

松浦果南
MATSUURA KANAN

MESSAGE FROM KANAN

「あ——!! またやった!!!
だめだってば、そんなに飛ばしちゃ——
守備がいないんだから、加減しないと、ボールが
どっかに行っちゃうっていつも言ってるのに～!!!」

そんな風に、大きい声で叫びながら——。
でも、やっぱりどこか声が弾むのを、抑えきれなくて——。
ほほが緩んでにやけちゃうのは——やっぱり。
千歌には完全にバレてる。

「だって、しょうがないじゃーん♪ チカはこう見えてパ
ワーヒッターの才能があるのだ、ニヒヒヒヒ——♡♡」

それを聞いてた曜が——。

「ダイジョブ、ボールならあといくつかあるよ——あとで
まとめて取りに行こっ、ヨーソロ♪」

そんなこと言ってるから、いつもいつの間にかどんどん
ボールが失くなっちゃうのに——

って思うけど——でもやっぱり。
私もその魅力的な提案には逆らえなくて——。

「よしっ、じゃあ続けてもういっちょ行くぞ!
結局、当てさせなければいいんだもんね!
4番ちかっち、いざ勝負——!」
すると千歌と曜が同時に叫ぶ。

「よし、ばっちこい!!!」

これが——今日、たくさんもらったバレンタインデーのプ
レゼントのお返しに、ホワイトデーのクッキーを作ろう!
と思って集まった私たち——惨状です。
どうにも、この3人じゃ、クッキー作りうまくいかないみ
たいで——あはは♡

小さい頃から、外遊びが好きだった3人で——。
ちょっとよくない予感はしたんだよね。
次は——やっぱり梨子ちゃんやダイヤを誘おうと思います。

桜内梨子
SAKURAUCHI RIKO

海の向こうから——春の陽射しが呼んでるような気がします！

春の海では——いろんな音がします。

穏やかな波の音。
水面を渡る風の音。
そんな風に揺れる木々のざわめく音。

浜辺を歩く足元できしむ——砂の音。
遠く海の上を渡るカモメの声。

そして——。
波打ち際でふと目にとまった、波に打ち上げられた貝を拾って——。

耳に当てたら。

かすかに——聞こえる気がする。

遠い遠い、どこかはるか遠くの海辺の——。
陽射しの音——。

——フフフ♪

なんだか——ちょっぴりロマンティックな気分になってしまったみたい♡
春は——やっぱりウキウキします！
気が付けば——いつもは重い口元が、小さくハミングしていたりして♪

とりとめもなく、浮かんでくる——明るいメロディたち。
そうだ、Aqoursの新しい曲に——少しは役に立つかしら？
今日はこのまま歌いながら——家まで帰りたい気分です♪

うわ——なんか。

これ、久しぶりに着た気がするのは——気のせい？
うぅん、きっと気のせいじゃないわよね——。

最近はAqoursの活動が忙しくて——。
ずっとスクールアイドルの衣装を着てるか、あとはトレーニング用のウェアを着てるかの、どっちかだった気がするもの——。

不思議ね——。
以前は、この衣装を着ると、すごく胸がドキドキして——ああ、自分の本当の姿はこれだ！ って思ったのに。

あ、うぅん！
もちろんこれはこれで、やっぱりすごい好きだし——かっこいいし、イケてるし♡
めちゃ似合ってると思うんだけど——でも。

なんだか、ほんの少しだけ——感じる違和感？
やっぱり——アイドルの衣装の方に目が慣れちゃったのかしら!?

ああ、イケナイわ——こんなことでは！
わたし、地獄の悪魔の使いの申し子——堕天使ヨハネは、最高にアンラッキーな不幸の使者!!
その黒い力を振りまいて——リトルデーモンたちを悩殺するために——この地上に降り立ったのよ!!!

よぉし、来週からは少し——悪魔力強化月間にしとこっかな♪
そうだ、今度のAqoursの衣装は、黒い悪魔風で行ってみない？ って——。
懲りずにまた提案してみようかな♡♡

みんなの日記
Aqours Diary
津島善子より

もっと聞きたいAqoursのこと
Q and A
About Trip

Q1 TO CHIKA

旅館って休みが全然ないイメージなのですが、家族で旅行に行ったことはありますか？

そうなんだよ──おうちが旅館とか、お土産物やさんとかの子の大定番！ 連休の家族旅行がな──い!! もれなくチカもです♪ でも、いいんだ！ その分、家の温泉には入り放題だし（掃除付きだけど）、余った御馳走やお菓子にもありついたし、それにチカは果南ちゃんがいたからね♡ やっぱりおうちがダイビングで忙しい果南ちゃんといつも一緒に遊んでたよ～♡♡

Q2 TO RIKO

東京に住んでいた時、よくどこに遊びに行ってましたか？

私は、秋葉原の近くの小川町っていうところに住んでいたので──お買い物に行くのは、やっぱり近くの秋葉原や神保町、少し遠くて東京駅──の方かな？ 地味ですね……。原宿や表参道みたいな、おしゃれな子たちが行くようなところはあまり知らなくて──こっちに来てからも、みんなの期待に沿えず少し困っちゃいました♡ あとは上野の美術館も好きです♡

Q3 TO KANAN

鞠莉ちゃんやダイヤさんとよく遊びに行く場所はどこですか？

うーん、ダイヤは家のこととか、学校の用事でいつも忙しくしてるし──私も、ダイビングがあるから、3年生のメンバーだけがそろって遊ぶっていうのは、そんなにないかも？ あはは、これじゃあ、鞠莉だけがヒマ人みたいだけど──まあ、実際そんなとこかもね♪ たまに鞠莉がウチのお店に遊びに来たりはするよ。あとは3人で行くのは海か鞠莉の部屋が多いかな。

Q4 TO DIA

旅のお土産はどんなものを買いますか？

わたくしが旅の思い出に買うものは──絵葉書や郷土のことがわかる本、それからその土地ならではの名産品が多いでしょうか。金沢では蒔絵の漆器、京都では友禅。ただ、最近は──そんな趣味も少しだけ変わってきて。先日は、大阪でたこ焼きプリッツを買いました。だって、メンバーの皆が口々にお土産にはご当地ポッキーだと──。少しだけ勇気が必要でしたわ♡

Q5 TO YOU

船で出かけるとしたらどこに行きたいですか？

それはもちろん──海だよ！最高だよね!! 広い大海原を、おお～っきな船のへさきがぐんぐん波と風を切って進むありさま!!! くぅ～～♡ たまらない！ 海辺の子に生まれてよかったなーって思う瞬間だよ♪ 行き先はどこだっていいけど──やっぱり1番っていったら、伊豆七島のどこかかな♡ いつか定期船の船長になって渡っていきたいよ──ヨーソロ♪

Q6 TO YOSHIKO

上級生と2人で遊びに行ったりすることはありますか？

そんなこと——いくらでもあるわよ♪ 鞠莉ちゃんの部屋なんて待遇がいいから、しょっちゅう行ってるし（ホテルのと同じアフタヌーンティーが出てくるのよ!?）、果南ちゃんと沼津の水族館行ってハンバーガーおごってもらったり、ダイヤちゃんとも買い出し行ってカフェでお茶をごちそうになったり♡ ほら——私って1年のわりに大人っぽいから♪ 3年生と気が合うみたいよ♡♡

Q7 TO HANAMARU

休日は1年生3人で遊びに行ったりしますか？

おら、お休みの日には——陽当たりのいい本堂のはじっこで、本を読んでることが多いから——。あんまりお出かけはしないけど、でも1学期に1回くらいは——Aqoursの用事で——沼津に行ったり、するかなぁ？ ほんと、そんな程度だと思うずら。そんな時は、よく3人で千本浜に行って、歌を歌うんだぁ♡ 広い海に向かって歌うのは気持ちよくて楽しいずら♪

Q8 TO MARI

ふだん列車やバスを利用するイメージがない鞠莉さん。どちらか利用して旅をするならどんな旅をしたいですか？

Train or Bus——難しい質問ね♪ どっちも楽しそうだけど——どうしても選ばなきゃいけないなら、Trainかな♡ 海辺を走る列車の窓から——吹き込むさわやか潮風を感じてみたい気がするわ♪ ああ——でもそんなことになったら、絶対に大きな声で歌ってしまいそうね！ そんな時は——だれかがとなりで一緒に歌ってくれたら、恥ずかしくないんだけどな♡♡

Q9 TO RUBY

最近した"小さな冒険"を教えてください

ルビィ、臆病だから——最近、冒険なんて全然してない——どうしよ!! 最近、ちょっと頑張って勇気出したことは——宿題を忘れたことを先生に正直に言ったこと？ あとは、お姉ちゃんのスカートを黙ってこっそり借りたこと？ あ、それとも——新しいアイドル写真集のために——お年玉の貯金箱を割ったこと!? うわーん、どれを選んでいいか、わからないよぉ〜!!

桜内梨子
SAKURAUCHI RIKO

今日は──梨子ちゃんがマリーの部屋に遊びに来てくれたよ♪
Aqoursのことで──話があっただけなんだけど。
せっかく来てくれたから──もちろん引き留めて、2人で楽しむアフタヌーンティ♡

ひとくちサイズのサンドイッチに、焼き菓子。
スコーンには真っ赤な木苺のジャムとクロテッドクリーム。
乙女な梨子ちゃんは──こういうちょっと上品な雰囲気、大好きみたいで。
いつもより──なんだか笑顔の明るさがアップしてる感じ♪
フフン──マリーの思惑通り？

あ、マリーはどっちかっていうと、遠乗りに行った先で、焚き火で焼いて食べるダッチオーブンのグリルドチーズサンド──みたいな、ちょっとワイルドな方が好みだけど♡
でも──梨子ちゃんみたいに。
こんなにかわいくて愛らしいカノジョと一緒だったら、こーんな上品なティータイムも悪くない、よね？
ムフフ──♡

もう──あんまりかわいいから、今日はこのまま泊まっていっちゃったら──って言ってみよっかな♪
乙女のお泊り会──♡
わぉ、私、なんか──目覚めてしまうかも？
あはは──♪

マリーはビューティフルなものやピュアなものが大好きなの♡
梨子ちゃんと一緒に──デスメタルを聞けたら嬉しいわ！

OUR PRIVATE LIFE
鞠莉
Mari

2人の秘密教えてあげる

津島善子
TSUSHIMA YOSHIKO

MESSAGE FROM HANAMARU

うわーん!!

いつの間にか、すっかり固くなっちゃってる──。
もともと柔軟は得意な方じゃないけれど──。

やっぱり──あれかな?

冬の間は、毎日コタツに入っておみかん──食べてたから
なぁ〜。
良くないなって、わかってはいるんだけど。
毎日学校から帰ってきて、あぁ─寒い寒い! っておうち
に帰ってくると──目の前にあったかいコタツさんが、
でーんっていてくれて♡
ついつい──入っちゃうずら♡♡♡

そして、1度入ったら、そのふんわりした暖かさにすっか
り惹きこまれて──もう出られなくなっちゃう。

こたつに入って、お茶を飲みながら本を読むのって──最
高なんだぁ〜♡

でも──。

そんな風にしてたら、すっかり──固くなっちゃった、
この身体!!
久しぶりのAqoursの屋上の練習で──。
みんなに笑われちゃったずら──。
恥ずかしい!!

富士山の向こうから、優しい春の風の吹き始めたこの屋上
で──。
今日から毎日、おら、一生懸命Aqoursの練習を頑張って
──次のライブでは、絶対にかっこいいダンスを踊れるよ
うになりたいと思います!!

ひゅ——

ザブン——!!

って大きく水しぶきをあげて落ちたら失敗。

シュルルルンってかっこよく滑るように入水したら成功♪

エヘヘ——。
空高く飛び込み台を蹴って、プールに飛び込む、この瞬間は——いつも。
最高にドキドキする♡

いちかばちか——。
ゼロか100か。
のるかそるか——。

あれ?
ちょっと違う??

あはは♪
まあ、細かいことはいいんだ——。
ただ。
昔、まだ曜が今よりも全然小さかった頃。
毎日のように海に飛び込んでた——あの時の気持ちが、今でもやっぱりよみがえってくる気がするんだよね。
一瞬にして、世界が変わるあの感じ。
空を映して真っ青な中に、白い雲の浮かんでるプール。
その空に向かって——曜がまっしぐらに飛んでいくんだ。
そして冷たい水の中に飛び込んだその瞬間——
世界が一気に反転して。
新しい曜が誕生する!!

ひゃー、やっぱり飛び込みって楽しい!!
絶対いつか、みんなもやってみてほしいな!
その時は手に手を取って、一緒にダイブしちゃう?
曜が手取り足取り教えてあげるよ〜♪
未知なる世界へ、春のダイブ——ヨーソロ♡♡

この青い空の向こうへ——
全力前進、ヨーソロー!!

みんなの日記
Aqours Diary
渡辺 曜より

ほら、このままじっとしてて――。

あ、動いちゃダメだって！

マルちゃんの髪の毛、やわらかくてふわふわで――。

ほんのちょっとだけ――絡まりやすいから。
ゴムに髪がひっかかっちゃう――。

痛くしたら――かわいそうだから。
そうっと――そっとね。
優しくするから――大丈夫♡

そうそう。
いい子――♡

ほ～ら、で―きた♪
いい子にしててえらかったね、マルちゃん♡

千歌なんて、たまに私がやってあげようとしても――。
いっつも、もぞもぞソワソワ動いちゃって。
しまいには、うなじに触られるのくすぐったーいって途中でゲラゲラ笑い出して―― 逃げ出していくんだから！
フフ♡
すっごい、かわいい――。
果南とおそろいのポニーテール。

これで――。
もしかしたら、姉妹みたいに見えるかな？

いつも髪の毛は下ろしてることが多いマルちゃんだけど、こうしてみると――なんだかちょっぴりアクティブに見えるかも♡
あ、今度のAqoursのステージではこれで出てみよっか？
おそろいの姉妹コーデ♪
2人でポニーの揺れる、決めポーズを考えて。
みんなにお披露目したくなっちゃうな――♡

優しいお姉さんに――
まかせてみてね♪

OUR PRIVATE LIFE
果南
Kanan
2人の秘密教えてあげる

桜内梨子
SAKURAUCHI RIKO

MESSAGE FROM CHIKA

春はいつも新しい場所と一緒にやって来るね。
新しい教室に──。
新しい下駄箱。
新しい学校、新しい職場──それに新しい街。

新しい景色は──私たちのハートをちょっぴり──うぅん、たぶんものすごーく!!
ドキドキさせたり、ワクワクさせたり、ウキウキさせたり。
そして少しだけ──。
不安にさせたりする──。
理由なんて何もないはずなのに、なぜか──少しだけ涙がでそうになったり──。

そんな時。
ホントに──ほんのちょっとだけでいいから。

Aqoursのことを思い出してもらえたらいいなって──チカはいつも思います!
だって、Aqoursの歌はいっつも、どんな時も──。
聞いてくれるみんなの心にピッタリ──くっついて。
キミを応援する歌になりたいなって思って、歌っているから──♡♡

さあ!
だから、そんなキミのために──。
今日も私たちAqoursは練習、練習♪

歌にダンス、ポージングに──それから1番大事なのは、これ! 思いっきりの笑顔!!

いつもAqoursがキミのそばにいるよ!
一緒に頑張っていこうねっ♡

Aqours
Special Message board

Aqours 4th LIVE
直前メッセージ

CHECK!
東京ドームで行われる4tn LIVEへの期待を膨らませる、メンバーのメッセージをお届け！

たかみ ちか
高海千歌

なんと！ ただいまチカはライブに向かって、甘いものもちょっぴり控えてのスタミナ作戦敢行中だよ〜!! チカ史上最高に切れ味のいいダンスで、みんなを待ってるから楽しみにしててね〜!!

気合の入り方マックスでAqoursがんばります!!

さわやかな秋晴れの空のような梨子の笑顔に会いに来てね♡

さくらうち り こ
桜内梨子

本当に暑かった夏がようやく過ぎて──爽やかな空気はライブを満喫するのにはぴったり♪ とうとうたどりついた憧れの大舞台で──きっとすごく緊張してる梨子を見守ってください♡

どんなに広いステージでも縦横に踊るマーメイドに注目よ♪

松浦果南

私たち、本当の本当にドームのステージに立つのかなって——昨日、千歌のほっぺをつねってみたらイテテッて言うからきっと夢じゃないみたい♪ 最高のライブにできるようにがんばります！

今年の秋の1番の思い出はこのライブで決まりよ♡

黒澤ダイヤ

立ち向かう敵の姿が大きければ大きいほど——燃えてくるのがわたくしの性質。相手にするのに不足はない大きなステージで、きっとその日世界で1番輝くわたくしを——見に来てね♪

ラブライブ！サンシャイン!! FOURTH FAN BOOK **113**

Aqours 4thシングル センターポジション総選挙
～アピールメッセージ～

CHECK!
4thシングルのセンターメンバーを決める総選挙に向けた、みんなのアピールがこちら♪

高海千歌
チカのアイドル魂がいまメラメラと燃えているのだ！

選挙に向けてメッセージ！
いよいよ冷たい北風の吹く寒～い冬がやって来たけど、みんな元気にしてるかな？　でも、こんな季節にもいいことはあって──寒いからこそおいしい、ホカホカのタイ焼きにアツアツのおしるこ、夜食にすする温かいラーメン！　みんなチカの大好物♡　辛いときにもみんなに笑顔をあげられる、あったかいアイドルナンバー1目指してチカは頑張ります!!

桜内梨子
あなたの素顔を梨子にだけ見せてくれたら嬉しいな♡

選挙に向けてメッセージ！
寒い冬が来て、あんまり喉の強くない私は──風邪をひいたりして、メンバーのみんなに迷惑をかけないように、毎日マスクを着けるようにしています♡　ラベンダーの優しい香り付きのマスクがお気に入りで──着けるとなんだかホッとするの。梨子もこんな風に、ふんわり誰かを優しく守れるアイドルになれたらいいなって思っています♡

松浦果南
よく晴れた冬の朝には──果南のことを思い出してね！

選挙に向けてメッセージ！
冬はダイビングの仕事もなくてヒマすぎて──いつも内浦の青い海と空をぼーっと眺めながら、よくAqoursを応援してくれるみんなのことを考えてます♡　こんなに応援してもらって幸せだなーとか、でも、ちゃんとそのお返しができてるのかなーとか。そんな風に想うことしか今はできない果南だけど、どうかこの気持ち、届きますように！

黒澤ダイヤ
わたくしの華麗な姿に見惚れたキミ──正解♡♡

選挙に向けてメッセージ！
冬はいつも──わたくしに気忙しい空気を連れてきます。新しい晴れ着の支度にお書初めの練習、かるた会に短歌の準備──フフッ♡　なかなか、大和撫子の本領発揮っていうところかしら？　こんな風に華麗な姿の裏側で──真面目に日々の努力を怠らないわたくしを見ていて下さったあなたは1番見る目のある人よ♡　無論、期待に応えますわ♪

渡辺 曜（わたなべよう）

いつだって恐れを知らない曜の背中について来い♪

選挙に向けてメッセージ！
ヨーソロ♪ キミのためなら真冬の海に飛び込むことだって怖くない～♡ 内浦が誇る元気なトビウオの曜ちんです!! エヘヘ――ちょっと考えてアイドル風に決めてみたよ♡ アイドルなんて柄じゃない私だけど――こう見えて、けっこう負けず嫌いなんだよね――エヘヘ♪ だから、みんなの力で1位奪還目指して全速前進ヨーソロ、頑張るぞ!!!

津島善子（つしまよしこ）

どこにいたって地獄イチかわいい悪魔に清き一票を！

選挙に向けてメッセージ！
Aqoursが誇るキセキの悪運ガール、堕天使の小悪魔ヨハネです♡ いよいよ平成も終わろうとする、この冬――AIは進化し続け、二刀流も大活躍、学校の黒板はiPad――この何が起きてもおかしくない世の中で。そろそろ、悪魔がこの世界を支配しちゃってもいい頃だと思わない？――フフフ♡ ヨハネはあなたの応援を心から待ってるわ！

小原鞠莉（おはらまり）

順位なんて関係ないわ いつだってキミがマリーのNo.1♪

選挙に向けてメッセージ！
人の気持ちを、順位ではかるのなんて――ナンセンス♪ わたしはあんまり意味のある事じゃないと思うわ♡ だって――人には気分ってものがあって、サンドウィッチが食べたい日もあれば、絶対チーズバーガーの日もある――そうでしょ？ あなたの心はいつだってフリー、自由よ♡ だからフリーな気持ちでマリーへの愛を投票してね♪

国木田花丸（くにきだはなまる）

マルのこと応援してくれる優しい人に幸やがきますように

選挙に向けてメッセージ！
マルは、いっつも思うんですけど――こんなにキラキラまぶしく輝くAqoursのメンバーの中で――ひときわ地味でちっちゃくて目立たないおらを見つけて――応援してくれる人って、きっと世界で1番優しい心の持ち主なんだと思うんです♡♡ そんな気持ちに、こんなおらでも応えられるように。仏様と明王様にお祈りして、今日も頑張るずら！

黒澤ルビィ（くろさわルビィ）

みんながルビィのこと応援してくれたら夢みたい♡♡

選挙に向けてメッセージ！
アイドルっていったら、やっぱり避けられないこの戦い――ルビィは、メンバーの中でも一番ちっちゃい方だし、自信なんて全然ないけど――でも、諦めないでがんばるよぉ!! ルビィにできることは全部して……うん。これからは居眠りもよそ見も買い食いもしないで、アイドル道をがんばることを誓います♡♡ できたら褒めてね――エヘヘ♪

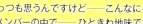

ラブライブ！サンシャイン!! FOURTH FAN BOOK 119

Aqours Special Message board

CHECK!
第3回センターポジション総選挙で1位に輝いたのは花丸！総投票数は104万1120票でした。

Aqours
4thシングル センターポジション総選挙
～ありがとうメッセージ～

第1位 国木田花丸（くにきだはなまる）

みんなを引っ張っていける自信なんて全然ないけど――せいいっぱい頑張るずら♡

わ、わわわわ――どうしよう!? おらが1位になるなんて――すっごい驚いて、ビックリして、最初に聞いたときにはやっぱり思いっきり――転んじゃったずら！ エへへ――♪ こんなマルがセンターなんて、他のメンバーに投票してくれた人に申し訳ないけど――でも、選ばれたからには!! せいいっぱい、マルにできる全部で頑張りたいと思います!!! その昔、お釈迦様は言ったずら――天上天下唯我独尊♡ マルにもマルにだけできる尊いお役目があると信じて！ 頑張るぞ♡

第2位 津島善子（つしまよしこ）

世界の終わりを告げる地獄の堕天使 その到来の予感はついにマックスよ！

フフフー♡ いつも堕天使ヨハネにパワーを送ってくれるリトルデーモンたちにお礼を言うわ♪ ありがと♡♡ こんなに応援してくれて。それでも1位になれなかったのはちょっぴり残念だったけど、そこはきっとヨハネの力不足！ もっと力をためて――次回こそは実現して見せるわ♪ あなたのために――そう、もう地獄の到来はすぐそこ――ヨハネの背中にずっとずっとついてきてね♡

第3位 黒澤ルビィ（くろさわルビィ）

ルビィの輝く宝石の笑顔で――みんなに元気を届けたいです!!

みんなー！ ルビィのことを応援してくれて――ほんとにほんとに、ありがと――!!! ルビィは、トップ3に入れて、ほんとにほんとに、しあわせでーす!! エへへ♪ 今日はおうちに帰ったら、お祝いのケーキをお姉ちゃんと一緒に作る約束してるんだぁ～♡イチゴの季節でよかったな♪ ルビィはケーキはイチゴのショートケーキが1番好きです！ 一緒にあーんでお祝いしようね♡♡

120

Aqours
Special Message board

Aqours 4thシングル
未体験HORIZON
～発売記念メッセージ～

CHECK!
4thシングルの衣装がついに完成。初センターの花丸を含む9人の意気込みを要チェック♪

津島善子
（つしまよしこ）

みんな、元気にしてる？　私はいま、新しいシングルのための準備で──忙しいけど、最高にワクワクしてる♪　この悪魔的にアシンメトリーなレッグラインがヨハネ的新しい衣装のポイントよ♪　絶対みんなにも試してほしいな〜！

どこまでも遠くへ──みんなと一緒なら飛べちゃうずら♪

地獄の天使には黒い蝶の羽が似合う♡

最高に元気になれる歌早く届けたいです！！

国木田花丸
（くにきだはなまる）

♪わたしたちAqoursのシングルも──ついに4作目です!!　それなのにおらがセンターだなんて──ちょっとすごく困ったっていうか、自信ないけど──でも！　みんなに聞いてほしいっていう気持ちだけは、誰にも負けないつもりで、がんばります!!　っていうか、もう聞いてるだけですっごく元気が出る曲で──練習しながら、おらも毎日元気をもらってるような気がするずら♪　早くみんなに聞いてほしいなぁ♡　お腹の見える衣装でも──負けないずら……。

黒澤ルビィ
（くろさわ）

ルビィです！　今度の曲は、すっごく元気なノリノリの歌で──もう、早く早くみんなに聞いてもらいたくて待ちきれないんだぁ〜♡　エヘヘ♪　ショートパンツの衣装も気に入ってます！　楽しみにしててね♡♡

ILLUSTRATION & COMIC CREDIT

P8	イラスト：伊能津
P9-11	イラスト：清瀬赤目
P12-13	イラスト：音乃夏
P14	イラスト：伊能津
P15-17	イラスト：清瀬赤目
P18-19	イラスト：音乃夏
P20	イラスト：伊能津
P21-23	イラスト：清瀬赤目
P24-25	イラスト：音乃夏
P26-27	イラスト：依河和希
P30-31	作画：小林真平 仕上：野地弘納（スタジオトイズ） 背景：澤谷真理（スタジオ・イースター） 特効：山川明子
P32-35	イラスト：伊能津
P38-39	作画：小林真平 仕上：野地弘納（スタジオトイズ） 背景：真鍋暁子（スタジオ・イースター） 特効：山川明子
P40	作画：山内尚樹 仕上：野地弘納（スタジオトイズ） 背景：王 葆祺（スタジオ・イースター） 特効：山川明子
P41	作画：山内尚樹 仕上：野地弘納（スタジオトイズ） 背景：真鍋暁子（スタジオ・イースター） 特効：山川明子
P42-45	イラスト：伊能津
P48-49	作画：渡邊敬介 仕上：野地弘納（スタジオトイズ） 背景：澤谷真理（スタジオ・イースター） 特効：山川明子
P50-53	イラスト：伊能津
P56-57	作画：尾尻進矢 仕上：野地弘納（スタジオトイズ） 背景：澤谷真理（スタジオ・イースター） 特効：山川明子

P58	作画：平山 円 仕上：野地弘納（スタジオトイズ） 背景：真鍋暁子（スタジオ・イースター） 特効：山川明子
P59	作画：平山 円 仕上：野地弘納（スタジオトイズ） 背景：干場佳織（スタジオ・イースター） 特効：山川明子
P60-63	イラスト：伊能津
P66-67	作画：藤井智之 仕上：野地弘納（スタジオトイズ） 背景：白井一真 特効：山川明子
P68-69	イラスト：伊能津
P70-71	作画：藤井智之 仕上：野地弘納（スタジオトイズ） 背景：渡辺絵美（スタジオ・イースター） 特効：山川明子
P72-73	イラスト：伊能津
P74-79	イラスト：柴崎しょうじ
P80-81	イラスト：依河和希
P82-83	作画：池田佳代 仕上：横山さよ子 背景：徳田俊之（パルサーデザイン） 特効：山川明子
P84-85	イラスト：伊能津
P86-87	作画：後藤 望 仕上：野地弘納（スタジオトイズ） 背景：石川真理（スタジオ・イースター） 特効：山川明子
P88	作画：尾尻進矢 仕上：横山さよ子 背景：鈴木くるみ（スタジオ・イースター） 特効：山川明子
P89	作画：酒井香澄 仕上：横山さよ子 背景：小高 猛（スタジオ・イースター） 特効：山川明子
P90-93	イラスト：伊能津

P96-97	作画：後藤 望 仕上：野地弘納（スタジオトイズ） 背景：小高 猛（スタジオ・イースター） 特効：山川明子
P98	作画：水野辰哉 仕上：野地弘納（スタジオトイズ） 背景：平田卓弥（スタジオ・イースター） 特効：山川明子
P99	作画：尾尻進矢 仕上：横山さよ子 背景：秋山慎太郎（スタジオ・イースター） 特効：山川明子
P100-101	イラスト：伊能津
P104-105	イラスト：伊能津
P106-107	作画：水野辰哉 仕上：野地弘納（スタジオトイズ） 背景：相澤 諒（スタジオ・イースター） 特効：山川明子
P108-111	イラスト：伊能津
P112-113	作画：尾尻進矢 仕上：横山さよ子 背景：姉尾 相（スタジオ・イースター） 特効：山川明子

Special Thanks！

Q＆A設問制作

アオめがねさん、彩狐さん、All-iceさん、エタルドさん、大トロさん、帰ってきたマートさん、かっちゃん！さん、かなひでさん、キャミオさん、キュアガンキン伝伝伝さん、ショウさん、じゅんさん、松海鳳さん、スイマーKさん、スライス蜜柑さん、DIA様のロードローラーさん、ともちさん、ナトリウムさん、西沢さん、ハイラル王国のラブライバーさん、はなさん、ハマチャさん、春樹さん、びっきーさん、百獣ショウさん、ふみさん、マートさん、紫鮫さん、山川うみさん、よよさん、リトルヨーソロー カズマさん

[TV ANIME] [MOVIE] [CD] [BOOK] [MAGAZINE] [LIVE] [Blu-ray] [DVD] [PROJECT] [NUMAZU] [EVENT] [COLLABORATION] [OTHER]

Aqours 活動記録&予定表4

結成4周年を迎え、ますます輝き続けるAqours。劇場版公開から「ラブライブ！フェス」に向けての歩みを要チェック！

TV ANIME MOVIE CD BOOK
MAGAZINE LIVE Blu-ray DVD PROJECT

【2018】9月9日～2019年3月3日●
「ラブライブ！サンシャイン!!Aqours クラブ活動 LIVE & FAN MEETING 2018 ユニット対抗全国ツアー」が開催 LIVE
● 名古屋公演9月22日・23日【出演】AZALEA ● 松山公演9月24日【出演】CYaRon！ ● 福岡公演12月2日【出演】Guilty Kiss ● 仙台公演12月15日【出演】AZALEA ● 千葉公演2019年1月5日・6日【出演】Guilty Kiss ● 広島公演2019年1月13日【出演】AZALEA ● 金沢公演2019年1月19日【出演】CYaRon！ ● 旭川公演2019年1月26日、27日【出演】Guilty Kiss ● 沼津公演2019年2月9日・10日【出演】CYaRon！・AZALEA・Guilty Kiss ● 大阪公演2019年2月16日・17日【出演】CYaRon！ ● 東京公演2019年3月2日・3日【出演】CYaRon！・AZALEA・Guilty Kiss

12月31日
大晦日特番「ラブライブ！サンシャイン!!The School Idol Movie Over the Rainbow 公開直前特番 ～きっと明日も輝ける！～」を放送 PROJECT

【2019】1月4日●
劇場版『ラブライブ！サンシャイン!!The School Idol Movie Over the Rainbow』全国ロードショー!!! MOVIE

1月7日●
電撃ムックシリーズ「ラブライブ！サンシャイン!!The School Idol Movie Over the Rainbow Comic Anthology 3年生」BOOK

1月21日●
電撃ムックシリーズ「ラブライブ！サンシャイン!!The School Idol Movie Over the Rainbow Comic Anthology 1年生」BOOK

1月23日
劇場版『ラブライブ！サンシャイン!!The School Idol Movie Over the Rainbow』挿入歌「僕らの走ってきた道は…／Next SPARKLING!!」発売 CD

1月30日
劇場版『ラブライブ！サンシャイン!!The School Idol Movie Over the Rainbow』挿入歌「逃走迷走メビウスループ／Hop？Stop？Nonstop!」発売 CD

LIVE & FAN MEETING 2018

MOVIE

COMICS COMICS

INSERT SONGS 1 INSERT SONGS 2

NUMAZU EVENT
COLLABORATION OTHER

【2018】12月31日 「NHK 第69回紅白歌合戦」にAqoursが出演 OTHER
12月31日・1月1日 「CDTVスペシャル！年越しプレミアライブ2018→2019」にAqoursが出演 OTHER
【2019】1月3日 静岡新聞 2019年1月3日付朝刊に『ラブライブ！サンシャイン!!The School Idol Movie Over the Rainbow』全面カラー広告を掲載 OTHER
1月4日 Aqoursが「第26期燦々ぬまづ大使」に認証 NUMAZU
1月4日 読売新聞 2019年1月4日付朝刊に『ラブライブ！サンシャイン!!The School Idol Movie Over the Rainbow』全面カラー広告を掲載 OTHER
1月4日 沼津三津大瀬旅館協同組合よりお宿探訪パズルラリー第3弾を実施 NUMAZU
1月8日 【不二家ポップキャンディ×ラブライブ！サンシャイン!!】ポップキャンディが発売 COLLABORATION
1月9日～23日 『ラブライブ！サンシャイン!!The School Idol Movie Over the Rainbow』の挿入歌シングルのリリースを記念して渋谷109に広告を掲出 OTHER
1月12日 「SDGs推進 TGC しずおか2019 by TOKYO GIRLS COLLECTION」アーティストステージにAqoursが出演 OTHER
1月21日～28日 『ラブライブ！サンシャイン!!The School Idol Movie Over the Rainbow』挿入歌シングル発売を記念してタワーレコード渋谷店 1F（Aqours 1年生）、SHIBUYA TSUTAYA 1F（Aqours 2年生）、アニメイト渋谷（Aqours 3年生）にてAqoursの衣装展示を開催 OTHER
1月21日～2月10日 『ラブライブ！サンシャイン!!The School Idol Movie Over the Rainbow』挿入歌シングルのリリースを記念したアドトラックが運行 OTHER
1月23日 「カラオケJOYSOUND＋」で「ラブライブ！サンシャイン!!Aqours」キャンペーンスタート OTHER
1月25日 静岡のご当地パン「のっぽ」の第3弾コラボグッズを発売 NUMAZU
1月30日 「Aqours浦の星女学院生放送」のアジアツアー上海公演に向けてのスペシャル放送がbilibili動画限定で配信！OTHER
1月28日～2月3日 『ラブライブ！サンシャイン!!The School Idol Movie Over the Rainbow』の挿入歌シングル3週連続リリースを記念して、原宿駅に広告を掲出 OTHER
2月1日～2月17日 『ラブライブ！サンシャイン!!The School Idol Movie Over the Rainbow』の観客動員数50万人突破を記念して、豪華景品が当たるTwitterキャンペーンを実施 OTHER
2月2日～3月3日 「ラブライブ！サンシャイン!! ウィンターキャンペーン」開催 COLLABORATION
2月4日 新宿ピカデリーにて舞台挨拶のイベント「ラブライブ！サンシャイン!! 4thシングルスペシャル選挙活動付Aqours全員集合舞台挨拶」を開催 EVENT
2月4日～2月19日 伊豆箱根鉄道 駿豆線 松浦果南バースデーヘッドマーク運行 NUMAZU
2月5日 NHK-FM「ゆうがたパラダイス」にAqoursより小林愛香さん（津島善子役）と降幡愛さん（黒澤ルビィ役）の2人がゲスト出演 OTHER
2月6日 NHK-FM「MUSIC LINE」にAqoursより斉藤朱夏さん（渡辺曜役）、高槻かなこさん（国木田花丸役）の2人がゲスト出演 OTHER
2月6日～2月12日 名古屋駅前の名鉄百貨店本店のシンボル・ナナちゃんの「高海千歌」モデルが登場 OTHER
2月8日～2月11日 「ラブライブ！サンシャイン!! キ

126 TV ANIME TVアニメ MOVIE 映画 CD CD情報 BOOK 書籍情報 MAGAZINE 雑誌情報 LIVE ライブ情報 Blu-ray Blu-ray情報

`TV ANIME` `MOVIE` `CD` `BOOK` `MAGAZINE` `LIVE` `Blu-ray` `DVD` `PROJECT`

2月4日
電撃ムックシリーズ「ラブライブ!サンシャイン!!The School Idol Movie Over the Rainbow Comic Anthology 2年生」発売 `BOOK`

2月6日
劇場版『ラブライブ!サンシャイン!!The School Idol Movie Over the Rainbow』挿入歌「Believe again／Brightest Melody／Over The Next Rainbow」発売 `CD`

2月26日
Aqours 4thシングルのセンターポジションを決める「第3回センターポジション総選挙」(投票期間：1月4日〜1月31日)で投票数1位の国木田花丸が4thシングルのセンターに決定! `PROJECT`
総投票数は104万1120票!!

2月27日
劇場版『ラブライブ!サンシャイン!!The School Idol Movie Over the Rainbow』オリジナルサウンドトラック「Sailing to the Rainbow」が発売 `CD`

3月6日
「ラブライブ!サンシャイン!! Aqours 3rd LoveLive! Tour〜WONDERFUL STORIES〜」のBlu-ray Memorial BOX&Blu-ray&DVDが発売 `Blu-ray` `DVD`

3月23日〜4月21日
「LOVE LIVE! SUNSHINE!! Aqours World LoveLive! ASIA TOUR 2019」を開催 `LIVE`
●上海公演 3月23日・24日 ●台北公演 4月6日・7日 ●千葉公演 4月13日・14日 ●ソウル公演 4月20日・21日

3月25日
電撃コミックスNEXT「ラブライブ!サンシャイン!! コミックアンソロジー Sweet Lily」が発売 `BOOK`

3月27日
電撃コミックスEX「ラブライブ!サンシャイン!! マルのヨンコマ」第2巻が発売 `BOOK`

`NUMAZU` `EVENT` `COLLABORATION` `OTHER`

ャラポップフェス」が沼津でふたたび開催 `NUMAZU`

2月8日〜5月6日 JOYSOUND PRESENTS ラブライブ!サンシャイン!!カラオケ行こうよキャンペーン2019開催 `COLLABORATION`

2月9日〜2月11日 第3回あわしまマリンパーク松浦果南バースデーイベントを開催 `NUMAZU`

2月12日〜 ふるさと納税×「ラブライブ!サンシャイン!!」コラボオリジナルバッジのプレゼントを開始 `NUMAZU`

2月16日 文化放送「ロンドンブーツ1号2号田村淳のNewsCLUB」にAqoursより逢田梨香子さん(桜内梨子役)、小林愛香さん(津島善子役)の2人がゲスト出演 `OTHER`

2月17日 シネマサンシャイン沼津にて上映後のスタッフトークを実施 `EVENT`

2月23日〜4月21日 「セガコラボカフェ ラブライブ!サンシャイン!! The School Idol Movie Over the Rainbow」を開催 `COLLABORATION`

2月24日 西武新宿駅前のユニカビジョンで「ラブライブ!サンシャイン!! Aqours 3rd LoveLive! Tour〜WONDERFUL STORIES〜」初出しライブ映像のスペシャル上映会を開催 `OTHER`

2月25日〜3月13日 伊豆箱根鉄道 駿豆線 国木田花丸バースデーヘッドマーク運行 `NUMAZU`

2月27日 ヌーマーズ3周年おめでとう!描き下ろしイラスト「看板娘:津島善子」3周年記念フラッグver.公開! `NUMAZU`

2月27日 2018年8月9日〜2018年8月21日に、グランブルーファンタジー内にて開催されたコラボイベント「Aqours スカイハイ!」にて行われた投票企画にて、栄えある1位を手に入れた、2年生チーム「桜内梨子&高海千歌&渡辺曜」の最終上限解放が実装 `COLLABORATION`

3月4日〜3月10日 『ラブライブ!サンシャイン!! Aqours 3rd LoveLive! Tour 〜 WONDERFUL STORIES〜』のBlu-ray & DVDリリースを記念して電車内のビジョンに広告を掲出 `OTHER`

3月9日〜10月31日 鞠莉・果南・ダイヤの卒業を祝して特別ランチメニューを淡島ホテルのシェフが特別監修した、小原家からのおくりもの!淡島ホテル監修 第2弾 ホテルオハラランチツアーを開催 `NUMAZU`

3月14日〜3月21日 伊豆・三津シーパラダイスのオリジナルキャラクター「うちっちー」の誕生日(3月14日)記念として、ラブライブ!サンシャイン!! ラッピング電車「HAPPY PARTY TRAIN」うちっちーバースデーヘッドマークを運行 `NUMAZU`

3月18日〜4月4日 Shadowverse × スクフェス スペシャルコラボキャンペーンガール決定戦を2019年夏に開催 `COLLABORATION`

→4月28日 津島善子が投票数1位に決定&コラボ楽曲のメインボーカルに決定

3月22日〜3月25日 世界で活躍する雑貨デザイナー・絵本作家 Shinzi Katohの企画展「Shinzi Katoh works in 湾岸画廊」にラブライブ!サンシャイン!!の参加が決定 `COLLABORATION`

3月23日〜3月24日 『AnimeJapan 2019』にて『ラブライブ!スクールアイドルフェスティバル』ステージイベントを開催 `LIVE`

4月〜6月 『ラブライブ!サンシャイン!!』が19年ぶりに静岡にやってきた国内最大級の観光キャンペーン、デスティネーションキャンペーンのポスターに採用 `OTHER`

4月1日〜9月30日 伊豆箱根鉄道 第3弾となる駿豆線1日乗り放題乗車券「Over the Rainbow 旅助け」を発売 & HAPPY PARTY TRAIN 2周年ヘッドマーク運行 `NUMAZU`

4月27日〜6月23日 「セガコラボカフェ ラブライブ!サンシャイン!! feat. 電撃G's magazine」を開催 `COLLABORATION`

4月28日 ニコニコ超会議2019「SCHOOL OF LOCK!声の課外授業」にAqoursLOCKS!の逢田梨香子さん(桜内梨子役)、高槻かなこさん(国木田花丸役)の2人が出演 `OTHER`

`DVD` DVD情報　`PROJECT` プロジェクト／投票企画　`NUMAZU` 沼津・内浦イベント情報　`EVENT` イベント情報　`COLLABORATION` コラボレーション　`OTHER` その他

3月30日
「ラブライブ！スクールアイドルフェスティバル Aqours official illustration book3」が発売 BOOK

3月30日
「テレビアニメ絵本 ラブライブ！サンシャイン!!」上下巻発売 BOOK

5月29日「ラブライブ！サンシャイン!! Aqours 4th LoveLive! ～Sailing to the Sunshine～」Blu-ray Memorial BOX & Blu-ray & DVD が発売 Blu-ray DVD

5月30日
「ラブライブ！スペシャル生放送 ラブライブ！シリーズ9周年発表会」を実施 PROJECT

6月3日
「電撃G's magazine 2019年7月号増刊 2019 SUMMER SPECIAL 号外 ラブライブ！総合マガジンスタート！応援スペシャル号」発売 MAGAZINE

6月8日・9日
「ラブライブ！サンシャイン!! Aqours 5th LoveLive! ～Next SPARKLING!!～」を埼玉・メットライフドームにて開催 LIVE

6月28日～
キャラクターマガジンとして電撃G'sマガジンが2019年8月号（6月28日発売）からリニューアル&9号連続 Aqours メンバーを1人ずつフィーチャー！ MAGAZINE

6月30日
「Aqours CLUB CD SET 2019」&「Aqours CLUB CD SET 2019 PLATINUM EDITION」発売 CD

6月30日
「ラブライブ！シリーズ9周年プロジェクトスタート記念特番～9人からはじまった夢、永久に～」がTOKYO MX にて放送 PROJECT

4月21日～5月5日 第35回沼津こいのぼりフェスティバルに『ラブライブ！サンシャイン!!』の鯉のぼりが登場 NUMAZU

4月26日 港周辺をおトクに巡る「パスポート」沼津港エリア沼津市施設共通入場券が登場 NUMAZU

4月29日～5月5日 渋谷・大型ビジョン9基連動で劇場版 Blu-ray 告知CMを放映 OTHER

5月10日～7月21日 リアル脱出ゲーム×ラブライブ！サンシャイン!!「孤島の水族館からの脱出」リバイバル公演開催 EVENT

5月14日～ 東海バスオレンジシャトル ラッピングバス4号車を高速乗合バスで運行開始 OTHER

5月18日 全国3箇所の屋外ビジョンにて「ラブライブ！サンシャイン!! Aqours 4th LoveLive! ～Sailing to the Sunshine～」ライブ映像（90秒ver.）の放映 OTHER

5月19日 西武新宿駅前のユニカビジョンで「ラブライブ！サンシャイン!! Aqours 4th LoveLive! ～Sailing to the Sunshine～」スペシャル上映会が開催 OTHER

5月27日～6月2日 『ラブライブ！サンシャイン!! Aqours 4th LoveLive! ～Sailing to the Sunshine～』Blu-ray&DVD のリリースを記念して、山手線まど上チャンネルにて15秒CMを放映 OTHER

6月8日～6月19日 伊豆箱根鉄道 駿豆線ラッピング電車「Over the Rainbow 号」小原鞠莉バースデーヘッドマーク運行 NUMAZU

6月13日～6月16日 あわしまマリンパークにて「2019年小原鞠莉ちゃん誕生日イベント」を開催 NUMAZU

6月21日 「ランティス祭り2019」DAY1 に Aqours が出演 EVENT

6月29日 「アニソン！プレミアム！夏の生放送SP」トークゲストとして、Aqours より伊波杏樹さん（高海千歌役）、高槻かなこさん（国木田花丸役）、鈴木愛奈さん（小原鞠莉役）の3人が出演 OTHER

6月30日 ラブライブ！シリーズの9周年プロジェクトが始まることを記念して、『ラブライブ！』シリーズの総合ストア「ラブライブ！School idol STORE」がオープン OTHER

6月30日～9月29日 「セガコラボカフェ ラブライブ！シリーズ 9th ANNIVERSARY！」を開催 COLLABORATION

7月5日・6日 アメリカ・ロサンゼルスにて行われるアニメコンベンションイベント「Anime Expo 2019」にて、ライブイベント「LOVE LIVE! SUNSHINE!! Aqours World LoveLive! in LA ～BRAND NEW WAVE～」が開催 EVENT

7月9日～7月24日 伊豆箱根鉄道駿豆線より津島善子のバースデーヘッドマーク運行 NUMAZU

7月11日 燦々ぬまづ大使 Aqours のライブツアー『ラブライブ！サンシャイン!! Aqours 2nd Love Live! HAPPY PARTY TRAIN TOUR』で実際に使用されたSL模型を、沼津の静岡県総合コンベンション施設 プラサ ヴェルデに展示 NUMAZU

7月12日 ラブライブ！サンシャイン!!×あげつち商店街ヨハネ誕生前夜祭2019を開催 NUMAZU

7月13日 TBS「音楽の日2019」に Aqours が出演 OTHER

7月19日 μ's、Aqours、虹ヶ咲学園スクールアイドル同好会からさまざまなメンバーが登場するラジオ番組「ラブライブ！シリーズのオールナイトニッポンGOLD」が放送開始 OTHER

7月21日 中国・上海で開催される「BILIBILI MACRO LINK-STAR PHASE 2019」に Aqours が出演 EVENT

7月26日 全国5都市の（東京・名古屋・大阪・札幌・福岡）6箇所のZEPPにて、リアル脱出ゲーム×ラブライブ！サンシャイン!!「学校祭ライブ中止の危機からの脱出～みんなの力で、Aqoursのステージを作り上げろ！～」を開催 EVENT

7月26日～8月7日 伊豆箱根鉄道駿豆線より高海千歌のバースデーヘッドマーク運行 NUMAZU

7月27日～ TVアニメに登場する柑橘系飲料を再現した沼津内浦みかん飲料「かんきつけい」を販売開始 NUMAZU

7月27日 ゲーマーズ沼津店にて、「ヌーマーズも夏ま

TV ANIME MOVIE CD BOOK
MAGAZINE LIVE Blu-ray DVD PROJECT

7月1日●
「電撃G's magazine 2019年8月号増刊 ラブライブ！総合マガジン Vol.01 ～みんなで誌名を決めよう！号～」発売 MAGAZINE

7月26日●
劇場版『ラブライブ！サンシャイン‼The School Idol Movie Over the Rainbow』のBlu-rayが発売！ Blu-ray

8月30日●
「電撃G's magazine 2019年10月号増刊 ラブライブ！総合マガジン Vol.02 ～みんなで決めた誌名発表！号～」発売 MAGAZINE

9月21日・22日●
『ラブライブ！スクールアイドルフェスティバル』と『ラブライブ！スクールアイドルフェスティバル ALL STARS』のリアルイベント「スクフェス感謝祭2019」が開催 PROJECT

9月25日●
4thシングル「未体験HORIZON」発売 CD

9月26日～●
『ラブライブ！スクールアイドルフェスティバル ALL STARS』の配信がスタート！ PROJECT

10月30日●
『ラブライブ！スクールアイドルフェスティバル ALL STARS』コラボシングル「KOKORO Magic "A to Z"」発売 CD

11月27日●
『ラブライブ！スクールアイドルフェスティバル』コラボシングル「New Romantic Sailors」／Guilty Kiss CD

12月4日●
『ラブライブ！スクールアイドルフェスティバル』コラボシングル「Braveheart Coaster」／CYaRon！ CD

12月11日●
『ラブライブ！スクールアイドルフェスティバル』コラボシングル「Amazing Travel DNA」／AZALEA CD

【2020】1月8日●
「ラブライブ！サンシャイン‼ Aqours 5th LoveLive! ～Next SPARKLING!!～」のBlu-ray Memorial BOX & Blu-ray & DVDが発売 Blu-ray DVD

1月18日・19日●
「LoveLive! Series 9th Anniversary ラブライブ！フェス」を開催！ PROJECT

2019 / 2020

MAGAZINE
Blu-ray

MAGAZINE FESTIVAL
MOBILE

CD
CD
9th Anniversary FEST

ラブライブ！シリーズ9周年！

NUMAZU EVENT
COLLABORATION ETC

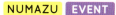

つり」キャンペーン開催 NUMAZU
→10月6日 「『ラブライブ！シリーズ9周年記念』ラブライブ！サンシャイン‼×ヌーマーズスペシャルトークショー」にAqoursより斉藤朱夏さん（渡辺曜役）と小林愛香さん（津島善子役）と降幡愛さん（黒澤ルビィ役）の3人がゲスト出演

8月8日～8月30日 「ラブライブ！サンシャイン‼Aqours SHOP in IKEBUKURO」開催 OTHER

8月16日（金）～10月14日 ラブライブ！シリーズとサンリオキャラクターズの期間限定コラボカフェ「ラブライブ！シリーズ×サンリオキャラクターズカフェ」が東京で開催 OTHER

8月31日 「Animelo Summer Live 2019 -STORY-」にAqoursが出演 EVENT

9月7日 NHK総合「シブヤノオト and more FES. 2019」にAqoursが出演 OTHER

9月7日 COAST-FM沼津港生放送にてAqoursより高槻かなこさん（国木田花丸役）のボイスメッセージを放送 NUMAZU

9月14日～9月24日 伊豆箱根鉄道 駿豆線ラッピング電車「Over the Rainbow号」桜内梨子バースデーヘッドマーク運行 NUMAZU

9月15日 アスルクラロ沼津ホームゲームラブライブ！サンシャイン‼コラボにてAqoursより高槻かなこさん（国木田花丸役）が来場 COLLABORATION

9月19日～ ブルボン×ラブライブ！サンシャイン‼ランチョンマット プレゼントキャンペーン第1弾を実施 OTHER

9月19日～23日 あわしまマリンパークにて「2019年梨子ちゃん＆ルビィちゃん誕生日プチイベント」を開催 NUMAZU

9月19日～9月30日 伊豆箱根鉄道 駿豆線ラッピング電車「Over the Rainbow号」黒澤ルビィ バースデーヘッドマーク運行 NUMAZU

9月24日 NHK-FM「ゆうがたパラダイス」にAqoursより小林愛香さん（津島善子役）、高槻かなこさん（国木田花丸役）と降幡愛さん（黒澤ルビィ役）の3人がゲスト出演 OTHER

9月24日～10月7日 Aqours 4thシングル「未体験HORIZON」発売記念スタンプ設置キャンペーンを実施 NUMAZU

9月26日～ ブルボン×ラブライブ！サンシャイン‼ランチョンマット プレゼントキャンペーン第2弾を実施 OTHER

9月27日～10月27日 ラブライブ！シリーズとサンリオキャラクターズの期間限定コラボカフェ「ラブライブ！シリーズ×サンリオキャラクターズカフェ」が大阪で開催 OTHER

9月28日 フジテレビ「MUSIC FAIR」にてAqoursが出演し「未体験HORIZON」を初披露 OTHER

9月28日 文化放送「こむちゃっとカウントダウン」にAqoursより小林愛香さん（津島善子役）と高槻かなこさん（国木田花丸役）と降幡愛さん（黒澤ルビィ役）の3人のゲスト出演 OTHER

10月7日～11月10日 「セガのたい焼き秋葉原店」にて「Aqours焼き」を発売 OTHER

10月9日 TOKYO FM他「坂本美雨のディアフレンズ」にAqoursより諏訪ななかさん（松浦果南役）、降幡愛さん（黒澤ルビィ役）がゲスト出演 OTHER

10月9日 「ラブライブ！サンシャイン‼ Aqours浦の星女学院RADIO!!!」ラジオCD第3弾・第4弾を発売 OTHER

10月14日 NHK-FM「今日は一日〝ラブライブ！〟三昧2」にAqoursが出演 OTHER

10月20日 「バンダイナムコエンターテインメントフェスティバル」にGuilty Kissが出演 EVENT

10月26日 アニメフィルムフェスティバル東京2019 劇場版『ラブライブ！』＆劇場版『ラブライブ！サンシャイン‼』同時上映会が開催 OTHER

11月15日 アメリカ・ニューヨークにて開催の「Lantis Matsuri at Anime NYC」にGuilty Kissが出演 EVENT

2019

DVD DVD情報 PROJECT プロジェクト／投票企画 NUMAZU 沼津・内浦イベント情報 EVENT イベント情報 COLLABORATION コラボレーション OTHER その他

ラブライブ！サンシャイン!!
FOURTH FAN BOOK
2019年10月30日　初版発行

編集	電撃G'sマガジン編集部
編集協力	宮森里絵 寺尾僚祐 早川 岳
デザイナー	関口小綾香 (twill design)
協力	2017 プロジェクトラブライブ！サンシャイン!! サンライズ バンダイナムコアーツ ブシロード
カバーデザイン	関口小綾香 (twill design)
カバーイラスト	作画：平山 円 仕上：横山さよ子 背景：塚原千晶（ヘッドワークス） 特効：山川明子
発行者	青柳昌行
発行	株式会社KADOKAWA 〒102-8177 東京都千代田区富士見2-13-3 0570-06-4008（ナビダイヤル）
印刷・製本	共同印刷株式会社

●本書の無断複製（コピー、スキャン、デジタル化等）並びに無断複製物の譲渡および配信は、著作権法上での例外を除き禁じられています。
また、本書を代行業者などの第三者に依頼して複製する行為は、たとえ個人や家庭内での利用であっても一切認められておりません。

●お問い合わせ（アスキー・メディアワークス ブランド）
https://www.kadokawa.co.jp/ （「お問い合わせ」へお進みください）
※内容によっては、お答えできない場合があります。
※サポートは日本国内のみとさせていただきます。
※Japanese text only

●定価はカバーに表示してあります。

Printed in Japan
ISBN978-4-04-912823-9　C0076
©SAKURAKO KIMINO 2019
©プロジェクトラブライブ！サンシャイン!!
©2017 プロジェクトラブライブ！サンシャイン!!
©iStockphoto.com/Lonely__
©iStockphoto.com/saemilee
©iStockphoto.com/AQtaro_neo